U0933803

珍藏本
纪念版

汉译世界学术名著丛书

“格”辨

〔美〕C.J. 菲尔墨 著

胡明扬 译

商務印書館
The Commercial Press

2017年·北京

THE CASE FOR CASE

by

C. J. Fillmore

汉译世界学术名著丛书
（120年纪念版·珍藏本）
出 版 说 明

2017年2月11日，商务印书馆迎来120岁的生日。120年前，商务印书馆前贤怀揣文化救国的理想，抱持“昌明教育，开启民智”的使命，立足本土，放眼寰宇，以出版为津梁，沟通中西，为中国、为世界提供最富智慧的思想文化成果。无论世事白云苍狗，潮流左右激荡，甚至战火硝烟弥漫，始终践行学术报国之志，无改初心。

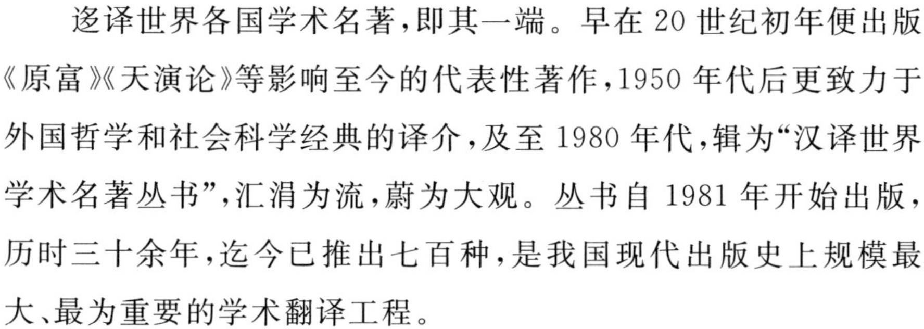

迻译世界各国学术名著，即其一端。早在20世纪初年便出版《原富》《天演论》等影响至今的代表性著作，1950年代后更致力于外国哲学和社会科学经典的译介，及至1980年代，辑为“汉译世界学术名著丛书”，汇涓为流，蔚为大观。丛书自1981年开始出版，历时三十余年，迄今已推出七百种，是我国现代出版史上规模最大、最为重要的学术翻译工程。

丛书所选之书，立场观点不囿于一派，学科领域不限于一门，皆为文明开启以来，各时代、各国家、各民族的思想与文化精粹，代表着人类已经到达过的精神境界。丛书系统译介世界学术经典，引领时代思想，为本土原创学术的发展提供丰富的文化滋养，为推动中国现代学术和现代化进程做出了突出的贡献。

为纪念商务印书馆成立120周年，我们整体推出“汉译世界学术名著丛书”120年纪念版的珍藏本，寄望既利于文化积累，又便于研读查考，同时向长期支持丛书出版的译者、编者和读者致以敬意。

两甲子后的今天，商务印书馆又站在了一个新的历史时间节点上。我们不仅要铭记先辈的身影和足迹，更须让我们的步伐充满新的时代精神。这是商务人代代相传的事业，更是与国家和民族的命运始终紧密相连的事业。我们责无旁贷，必须做好我们这代人的传承与创造，让我们的努力和成果不仅凝聚成民族文化的记忆，还能成为后来人可以接续的事业。唯此，才能不负前贤，无愧来者。

商务印书馆编辑部

2017年10月

译者的话

1978年夏天,《国外语言学》编辑部告诉我,吕叔湘先生要我把美国C. J. Fillmore的*The Case for Case*翻译出来发表。尽管我已经多年不从事翻译工作,但是吕先生的意见我当然只得从命。我用整个暑假的时间,阅读和翻译了这篇六万多字的长文。由于长期跟国外语言学的主流失去联系,翻译这样一篇在生成语法基础上发展起来的高度形式化的语言理论文章非常吃力,到处都是自己不熟悉的新思路、新方法、新概念、新术语,不知道怎么翻译才好,不少地方真是硬着头皮愣译的。译完以后觉得如果不加一些注解,恐怕读者很难读懂,所以又不自量力地加了不少注解。可是后来见到吕叔湘先生谈到这篇文章时,吕先生笑着说:"你又上当了!我根本没有说过让你翻译这篇文章。那是编辑部的人怕你不肯翻译,在那儿'假传圣旨'!"不过已经译了,苦头已经吃过了,再找他们算账就没有意思了,只得认了。这篇文章的题目很难译,憋了我很久,最后还是小时候背过的《古文观止》救了我,就译成《"格"辨》吧!

《"格"辨》在《国外语言学》编辑部编的《语言学译丛》第二辑(1980)上发表以后我就再也没有管它了。直到1989年我开始跟计算机专家合作搞项目的时候才发现很多计算机专家都读过这

篇译作，并且跟我说这篇译文实在难找，不少人问我是不是还有多余的本子。很遗憾，当时只给了我两本，一本记不得送给谁了，自己只留下一本“孤本”！

这几年，计算语言学在升温，语言学界越来越多的人开始关心信息处理工作，另一方面，语义研究也似乎很热门，格语法、配价理论也盛行起来了，有人想找《“格”辨》这篇文章看，可是找不到。因此我想到如果能出一本单行本就好找多了。可是哪家出版社现在都向“钱”看，出这样的书，岂不自找倒霉？谁知道我跟商务印书馆汉语工具书编辑室的负责人一说，立刻积极支持，并且说他们从来不卖书号，所以书号不受限制，马上就可以出。可见什么都不能一概而论，热心支持学术工作而不向“钱”看的出版社还是有的！

近年来大家对国外五十年代以后发展起来的语言学理论和方法慢慢熟悉了。虽然《“格”辨》在不少地方有硬译之嫌，但是大致意思还是可以读懂的，而我实在没有精力重起炉灶，所以这次要出单行本只是把少数当时硬译的名词术语改成现在通行的译法，别的就不动了。为了帮助不太熟悉菲尔墨这个人的读者对他有所了解，承杨成凯先生慨允，把他介绍菲尔墨的理论的文章《菲尔墨的格语法理论》附在《“格”辨》后面，这样，读者对《“格”辨》的理解就会更全面一些。

我必须感谢商务印书馆的周洪波先生的支持，没有他的支持，《“格”辨》单行本就根本无法问世。

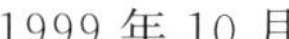

1999 年 10 月

目　　录

前　言

探讨语言的普遍现象一向并不是经常和到处被认为是科学的语言学家一项十分体面的消遣活动。作者回想起数年前在一次夏季的“语言学讲习班”上听的一个报告，报告宣称，关于语言，语言学家有资格能做出的唯一保险的概括性的结论是：“已经观察到某些人类集团的某些成员通过嘴巴里发出来的声音来互相影响对方”。时代已经变了，向大家宣告这一点令人感到欣慰。时代变了，一则是因为我们现在更清楚地理解到语言学理论究竟是什么样的理论，一则是因为有些语言学家甘冒一错到底的风险。[1]

近来致力于揭示全世界所有语言共同的句法特征的学者一般都从事研究互相之间密切相关而又可以互相区分的三方面的问题：(一)什么是句法结构方面形式上和实质上的普遍现象？(二)有没有一种普遍基础，如果有，其特点是什么？(三)在从深层结构的句子表达方式转化为表层结构形式的方式方面有没有某些普遍有效的限制条件？

关于形式上的普遍现象，我们见到的有乔姆斯基提出的理论，即每一种语法都有一种能表达该语言各类句子潜在句法结构特点的基础部分，并且还包括一套转换规则，这些转换规则的作用在于把基础部分规定的潜在结构(underlying structures)转换成和这种语言的话语的语音描写更为紧密相合的结构(Chomsky,1965,pp. 27—30)[①]。关于实质性的句法方面的普遍现象的一种代表性论点是莱昂斯的见解(Lyons,1966,pp. 211,223),他认为每一种语法都需要诸如名词、谓语、句子这样一些范畴,但是其他语法范畴和特点在不同的语言中可以有不同的安排。巴赫(Bach,1965)提出论据,认为有一套带有普遍性的转换规则,每种语言根据自己的特点从中汲取自己的转换规则,并且他还勾画了在关系从句修饰关系方面这种转换规则会是一个什么样子。

在讨论可能有一种普遍性的基础(这和主张基础部分形式有某些普遍性的限制条件不同)的时候,主要牵涉到的问题是,如果存在某种普遍基础的话,这种普遍基础的规则中所规定的成分是序列性的还是非序列性的。一种共同的见解是,普遍性的基础确定所需要的句法关系,而赋予基础结构的组成成分以序列性顺序则随语言而异。哈利迪(Halliday,1966)、泰尼埃尔(Tesnière[②],1959)和其他一些人提出了用非序列方式来表达普遍性的深层结构的主张,莱昂斯(1966,p. 227)建议,潜在表达方式和序列次序之间的关系问题留待实践研究去解决,而巴赫(1965)则认为,不断地研究全世界各种语言的句法规则可以最终提出论据以确定普遍基础规则中特定的序列关系(ordering relations)。

格林伯格(Greenberg,1963)对有选择的几组语言所做的序

① 所引著作名称见文后参考书目,下同。——译注。本书的脚注均为译者所加。下同。

② -s-不发音,è不跟前面的音连读。

列类型统计研究，在我看来，并不能直接说明当前讨论的这个问题。可以认为这样的统计研究提供了一批资料，如果加上对这些具体语言的句法组织过程的性质有所了解，那么可以最终有助于就基础部分的序列特点，或是就制约用句法组织起来的各种对象的表层次序带普遍性的限制条件，提出某种看法。

格林伯格(1966)关于“标记性”(markedness)的研究和雅可布逊(Jakobson，1958)关于所谓隐性普遍现象(implicational universals)的研究可以理解为对我们的第三个问题提出答案的研究成果。如果这样的研究可以理解为对深层结构映射到表层结构这一过程做出实践经验方面的论断，那么这些研究可以指出下列这种形式的带普遍性的制约条件：在一切语言中都以某种方式运用了“双数”这一语法特征，可是只有那些有某些表示“复数”的显性语素的语言才有表示“双数”的显性语素。换句话说，没有必要把隐性普遍现象的理论理解为对人类语言中可能存在的深层结构的性质以及对这些结构互相资以区别的方式所做的一系列论断。

本文试图对形式上的和实质性的句法普遍现象的研究有所贡献。线性序列(linear ordering)问题没有触及，或者说至少没有解决，而标记性问题则视为应作先决条件的结构，这些结构的特点正是本文要讨论的。

本文将申辩“格”的语法概念在每一种语言的语法基础部分中应有一席之地。在过去，对于“格”的研究只是审查了在名词和句子的其他部分之间可能存在的各种语义关系；这种研究一向被认为等于研究名词的这种屈折变化词缀的语义功能，或者是研究特定的名词词缀和邻近成分的语汇以及语法特点之间存在的形式上的依存关系;或者这种研究被简化为列举一下反映一系列潜在的"句法关系"的形态音位标志,而这些句法关系则是完全脱离了"格"的概念来考虑的。我的论点是,这样一些研究都缺乏对格的关系的正确的深入了解。我认为需要有一种基础结构的概念,在这种基础结构中格的关系是这一理论的初始项[2],并且在这种基础结构中没有诸如"主语"和"直接宾语"这样一些概念。我们认为"主语"和"直接宾语"这样一些概念只属于某些(但可能不是所有)语言的表层结构。

为了展开讨论,有两个假定是必不可少的,而这些假定事实上对遵循生成语法传统的研究工作者而言是理所当然的。第一个假定是句法中心论。过去有一个时期,典型的语言学语法是长篇大论的详尽的关于各类词的形态结构的叙述,后面附上两三页附录,称之为"句法",列出几条关于如何"使用"前面各节中描写过的那些词,如何将词组成句子的极其粗略的规则。

在以句法为中心的语法中,根据句法概念来分类列出词的各种形式,而不是倒过来描写。换句话说,现代的语法学家先用尽可能最概括的话来描写某一特定语言的"比较结构",然后再描写在这一结构中选用特定的形容词或数量词时的形态音位细则。这就和先描写词的形态变化,如 taller(更高的)和 more(更多的),然后随便加上几句这些词如何在更大的结构中出现的话的做法截然不同[3]。

我想讲清楚的第二个假定是隐性范畴(covert categores)的重要性。新近一个时期和在此稍前一个时期的很多研究使我们相信有些语法特点是起作用的，尽管没有明显的“形态”体现形式，但是根据选择性方面的限制条件和转换的可能方式，可以观察到这种语法特点在起作用。我们经常发现，在某一种语言中找到的语法特征也同样以某种形式出现在其他语言中，如果我们有足以发现隐性范畴的敏锐眼光的话。附带提一下，我觉得使人很感兴趣的是，在沃尔夫的著作中最令人信服地提出了隐性范畴这一概念（这一概念使人有可能相信，所有的语言从根本上来说本质上是一致的），而沃尔夫这个人的名字却是和这样一种学说最直接地联系在一起的，这种学说认为，不同语言之间根深蒂固的结构上的差别决定了说这些不同语言的人们看待现实世界时本质上无法加以比较的不同方式（Whorf，1965，p. 69）①。

传统语法学家加上了 affectum（“受动”）和 effectum（“结果”）的标签，在德语中称之为 affiziertes Objekt（“受动宾语”）和 effiziertes Objekt（“结果宾语”）的语法上的区别就是一个“隐性”语法区别的例子。这种区别据说在某些语言中是显性的，在以下例 1 和例 2 中可以看到这种区别：

1. John ruined the table.（约翰毁坏了那张桌子。）
2. John built the table.（约翰做了那张桌子。）

请注意，在一种情况下，宾语是理解为在约翰的活动进行之前早就存在着的；而在另一种情况下，宾语的存在是约翰进行活

① 对萨丕尔—沃尔夫假说的批判，见《语言学资料》1963 年第 2 期。

动的结果。

到现在为止用的只是“内省证据”，我们可能会倾向于说，这纯粹是一种语义上的区别，英语语法并不要求我们去处理这种区别。我们可能会感觉到，我们能够给这两个句子中的动宾关系做出不同的解释，这和正确地描写一个说英语的人特别是在句法方面的技巧毫不相干。

然而，这种区别却确实和句法有关。例如，结果宾语不能用 do to 来问动词，而受动宾语能这样问。这样，我们可以把例 1 和例 3 中的问句联系起来，但是不能把例 2 和例 3 联系起来。

3. What did John do to the table?（约翰把桌子怎么啦?）

再进一步，例 4 可以看作是例 1 的另一种说法，而例 5 却不是例 2 的另一说法。

4. What John did to the table was ruin it.（约翰对桌子干过的事是把它破坏了。）
5. What John did to the table was build it.[4]（约翰对桌子干过的事是做它。）

再举一个例子，请注意在例 6 中包含有关的两种关系，但是只是就两种意思中的一种意思而言例 6 才是例 7 的另一种说法。

6. John paints nudes.（约翰画裸体人像/约翰在裸体人身上

涂颜色。)[①]

7. What John does to nudes is paint them.(约翰对裸体人干的事就是在他们身上涂颜色。)

的确,例 6 中的直接宾语是多义性的,但是区别也在于约翰所画的(涂颜色的)对象是否在他画(涂颜色)之前已经存在。

我在下面要提出,有很多和语义有关的句法关系,牵涉到名词和包含名词的结构。这些关系,如例 1 和例 2 中所见到的关系,大部分是隐性的,可是不管怎么说,凭经验是能够觉察到的;这些关系形成一个特定的有限的集,而对这些关系的研究结论将会表明对许多种语言在相当大的程度上是有效的。这些关系我将称之为"格"的关系。

① 英语动词 paint 本身有带"结果宾语"或"受动宾语"的特点。

一　以往的格的研究方法

向学生介绍我们这一学科的著作很少忘记让读者了解那种把某些特定的格的体系当作语言结构的普遍模式的"错误"方法。有人告诉我们，把拉丁语或希腊语的格的体系视为用语言来表达人类经验的有效框架的语法学家，当他们想学习和描写阿留申语(Aleut)或泰语的时候，很可能花费大量时间提出一些路子不对头的问题。我们很可能都曾经和叶斯柏森一起很满意地嗤笑过他最喜爱的"糟糕家伙"索南沙因(Sonnenschein)，这位学者在描写现代英语的 teach 这个动词时，不能决定是依据拉丁语好还是依据古英语好，只好让 teach(教)既可以带一个与格名词和一个受格名词，因为这是古英语 toecan 的模式，也可以带两个受格名词，因为这是拉丁语 doceo 和德语 lehren 的方式(Jespersen, 1924, p. 175)。

到另一个人的语言中去寻找自己的格的体系，当然，这并不是研究格的一种好典范。真正应该认真考虑的研究格的方法有很多种。很多传统的研究工作，从某种语义角度上，研究了格的各种用法。更为近期的研究工作，根据"系统"这个词提出的设想，致力于分析特定语言的格的系统。早期和近期的大量研究工作致力于弄清格的概念或是格的语素的历史或演变史。最后，生成语法学家大多数把格的标志看作由一些规则引入的，反映多种深层和表层句法关系的表层结构的标志。

（一）格的用法

希腊语和拉丁语的标准手册很典型，把大部分篇幅用来对语义上有区别而又有特定的格的形式表达出来的各种关系进行分类和说明。分类的细目最通常用的是"表示 Y 的 X"这种形式，其中"X"是某一特定的格的名称，"Y"是 X 的某种特定的"用法"。读者可以想起诸如"表示分离的与格""表示所有的与格"等等这样一些术语[5]。

除了这些研究不是从句法中心论的观点出发的以外，这些研究的主要缺点在于：1. 大多忽略了主格，2. 本来应该互相区分开的分类标准往往混淆不清。

在研究格的用法时忽略主格的原因可能有好几个，其中一个原因是希腊语的格这一术语 ptôsis 的词源意义（"偏离"）①给语法学家以一种先入之见，把这个术语的范围只限于主格以外的各格。但是，在这些研究中忽略主格的最重要的原因是错误地认为"句子的主语"这个概念是非常清楚的。缪勒（Müller）在 1908 年发表了一部研究拉丁语主格和宾格用法的著作，用了 170 页左右的篇幅来讲宾格，而只用不到一页的篇幅来讲主格，他这样解释

---

① 一般注释 ptôsis 为"落下""倒下"，请参考拉丁语 casus，俄语 падеж；主格又称"直格"，其余各格似乎是偏离直格，从直格上"落下"或"倒下"来的。

(1908,p.1):“这两种直格,即主格和呼格,和关于格的理论的争论是不相干的。在主格位置上的是主语,整个句子对主语有所陈述。”

斯威特(Sweet)觉得主语的功能是如此明确,以至于他宣称,严格地来说,只有当名词用于主格的场合我们才能说是“名词”。他把句子看作是某一特定名词的某种述语,而把句子中除主语以外的所有像名词的成分看作某种派生的副词,是述语的一部分[6]。

但是,只要稍稍想一想就很清楚,主语和动词之间的关系在语义上的千差万别正和其他各格所发现的情况性质一致,并且表现出来的变化多端的程度也一致。在原则上,没有理由解释为什么传统的关于格的用法的研究不包括这样的分类内容,如以下例8到例12所代表的“表示施事的主格”“表示受事的主格”“表示受益的主格”“表示受影响的人的主格”“表示有关人物的主格”(或者也可以称为“表示关系到人的主格”)。

8. He hit the ball.(他打中了那个球。)

9. He received a blow.(他挨了一拳。)

10. He received a gift.(他收到一份礼物。)

11. He loves her.(他爱她。)

12. He has black hair.(他有[＝长的是]黑头发。)

在处理格的用法时使用标准方面的混乱现象,德·格鲁特(de Groot,1956)在他关于拉丁语属格的研究中已经引证列举过了,格的用法有的是根据句法理由来分类的,用作说明的例子是根据属格名词是和名词，还是和形容词，还是和动词出现在同一结构中而区分不同的用法；有的是根据历史因素来分类的，如拉丁语已经混而为一的离格(ablative)的用法分为三类，即表示分离、处所和工具三类；有的是根据语义来分类的，在这种场合还存在着大量在严格意义上跟名词的格的形式相联系的意义和在严格意义上是属于邻近语汇的意义混淆不清的现象。

德·格鲁特对拉丁语属格用法的传统分类所做的批评，从本文所持观点的角度来看，特别使人感兴趣，因为在他对这个问题的“简化”过程中，把生成语法学家肯定会坚持是具有句法上的重要意义的某些现象当作不相干的现象排除掉了。例如，他宣称，传统研究混淆了所指对象(referent)的不同和格的用法的不同。这样，对德·格鲁特来说，statua Myronis(米罗的雕像)这一短语传统的三种意义(米罗所有的雕像——表示领有的属格；米罗雕刻的雕像——表示主语的属格；刻画出米罗形象的雕像——描画主体的属格)以及 amor patris(“父亲的爱”或“对父亲的爱”)的主语性和宾语性的不同意义都是实际现象方面的不同，而不是语言现象方面的不同。他根据这样的论点，就能把十二种古典“用法”并为一种，然后贴上一个“正规属格”的标签，声称(1956，p. 35)：“正规属格表示，并因而能用来指事物和事物之间的任何一种关系。”他终于把三十种传统的“属格用法”缩减为八种[7]，其中两种用法十分罕见，可以不论，另一种“表示处所的属格”实际又只限于特定的处所名词。

本维尼斯特(Benveniste，1962)在《语言》(Lingua)杂志纪念德·格鲁特专号中发表文章响应德·格鲁特的这种分析。他在

文章中建议进一步简化分类。本维尼斯特注意到德·格鲁特的“表示处所的属格”只适用于表示处所的专有名词，也就是说，只用于词干中有-o-和-ā-的处所名词，和离格处于互补分布的地位，他明智地指出，这应该作为处所名词的特点单独列出，而不必作为属格用法的特点来处理。本维尼斯特关于其余属格结构的结论是颇符合生成语法学家的立场的。他提出，所谓正规属格基本上是由于把一个句子转变为一个名词短语这一过程形成的。“表示主语的属格”结构和“表示宾语的属格”结构在意义上的区别仅仅是反映了属格名词原来是一个主语和原来是一个宾语这两种不同情况之间的差别，而属格则代表某种把处于底层的句子中存在的主格和宾格的区别加以中和的作用[8]。

上述两项关于拉丁语属格的研究工作至少可以表明：(a)某些格的用法完全是不规则的，需要加以解释，要讲清楚特定的词汇成分各不相同的语法特点；(b)某些语义上的差别并不是通过赋予格以某些“意义”来说明的，而是通过承认“支配”词中在意义上的差别来说明的，或者是通过考虑到在处于底层的句子中意义上的差别来说明的。那种认为可以找到和表层的格相联系的明确的特定意义的看法从上述研究著作中得不到有力的支持。

（二）格的体系

根据某种语言（例如古典拉丁语）的表层的格的体系的观点来研究另一种语言的格的体系，仅仅去查看选作标准语言中的某一特定的格的关系在当前研究的语言中是用什么方式来表达的，这样的研究方法有理由加以反对。很显然，一种可行的变通办法是把这样的过程颠倒过来：在这种新的语言的名词屈折变化的体系中把表示格的语素找出来，然后把其中每一种语素和传统的或“标准的”格的概念联系起来。举一个新近的例子，雷登(Redden, 1966)在瓦拉派语(Walapai)中找到五种格的标志(四种后缀和一种零形态)，然后把每一种和传统的格的研究所使用的术语结合起来，如：-č是主格，-ϕ是宾格(accusative)，-k是向格(allative)/近格(adessive)，-l是进格(illative)/内格(inessive)，-m是离格(ablative)/残格(abessive)。作者在每一个标题下再加注每一种格的形式从标题本身无法推想的那些用法。例如，在简单句中主格名词只能出现一次，用并立连词来连接主语名词，其余的名词都必须用后缀-m；某些代替名词的词用宾格，而在英语中则是不会视为直接宾语的；向格/近格含有表示部分的功能；离格/残格兼有离格、工具格和随格(comitative)的功能。

在这样一类研究工作中，手头所接触的是瓦拉派语名词屈折系统的表层结构，描写任务就是去确定这种语言中互相区别的表层的格的形式，并把这些形式中的每一种和“格的功能”联系起来。需要强调指出的是：(1)这样一种研究对“在这种语言中如何表达间接宾语”这类问题直接提不出答案(例如，各种可能的格的功能体系并没有要求用来作为描写的框架)；(2)在描写过程中，各种不同的功能或用法本身并不是作为初始项来对待的(例如，离格/残格后缀-m并没有解释为实际上存在好几个不同的格而只是偶尔在形态上同音的现象)[9]。

因此，研究格的体系的一种方法是限于对名词作形态描写，至于用什么办法使格的语素和它们的意义或功能结合起来则不硬性规定任何限制条件。这不同于那种企图为每一个格找出一个统一的意义来的对格的体系的研究。后一种研究方法的例子可以举现在早已名誉扫地的关于印欧语的格的"方位"观点,根据这种观点,与格是"静止之格",宾格是"运动所向之格",属格是"运动所自之格"[10]。新近一个时期想捕捉格的单一的综合"意义"的企图总失之于含糊笼统和迂回曲折,而任何企图对表层结构现象做出语义描写,其结果总不免如此[11]。

叶姆斯列夫(Hjelmslev,1935,1937)和雅可布逊(1936)的著名的研究工作不仅是企图揭示每一个格的统一的意义,并且企图说明这些意义本身由于可以分解为互相区别的对立项,因而形成一个内部一致的系统。当然,如果对立项的总数比格的总数越少,那么流于含糊笼统的可能性就越大[12]。

要为一个格的体系中的每一个格找到一种统一的意义是很困难的,因而就导致另一种不同的观点,认为各个格中除了一个格以外都可以赋予某种程度上确定的意义,而剩下来的那一个格就包罗万象。这剩下来的这个格,既可以根据邻近语词的意思的要求表示和句子的其余部分之间的任何关系,也可以用来表示没有被其他各个格所概括的任何一种完全像格的用法那样的功能。本内特(Bennett)告诉我们,戈迪克(Goedicke)把宾格解释成"用以完成其他各格没有完成的功能的格"。本内特附和惠特尼(Whitney)讥笑这种观点,其理由是任何一个格都可以这样来描写,这件事情说明了戈迪克没有把自己的意见讲得很清楚[13]。戴弗尔(Diver,1964)采用了一种不同的方法,他不是把"剩余"功能分配给一个特定的格，而是分配给具体实现他所谓的“施事系统”时不需要的任何一个格或几个格。简单地说，并且不考虑他对于被动句的处理，戴弗尔的分析是这样的：一个动词可以和一个、两个或三个名词（或名词短语）相联系，一般分别相当于不及物动词、常规及物动词和及物动词加间接宾语三种句式。在有三个名词的句子中，这些名词分别用主格、与格和宾格，其中的主格是施事的格，宾格是受事的格，与格，也就是“剩下来的”格，可以表示和全句其余部分意义相符的任何概念。换言之，在一个有三个名词的句子中，与格的功能是从上下文中“推论”出来的，而不是作为与格的一系列可能的“意义”之一出现的[14]。在有两个名词的句子中，其中一个名词用主格，另外一个名词或者是与格，或者是宾格，但是典型的是宾格。在这里的主格是施事的格，但是这一回宾格（或与格，视具体出现情况而定）就成了剩下来的格。换言之，在只有两个名词的句子中，宾格不限于受事意义；宾格也能表示任何数量的其他意义。再者，既然宾格和与格不再对立，宾格可以换成与格。在只有两个名词的句子中，选用与格和宾格既然在语义上是毫不相干的，就可以根据自由的或有条件的变化随便选用。

把这种论点推到底，那么在只有一个名词的句子中，这个名词就可以表示和动词之间的任何一种意义上的关系。这样的名词，虽然最常见的用主格，也可以用宾格或与格，可是选用哪个格却不是根据和这些格相联系的意义来决定的。当名词用主格时，其“句法意义”可以是施事，可以是受事，或者是任何其他内容。

戴弗尔这种处理办法的不足之处是显而易见的。首先，施事和受事的概念，像他在论文中所使用的那样，看起来在任何意义上都不是令人满意的初始的语义项。同意在 senatus imperium mihi dedit 这个句子中的 imperium 是受事，这仅仅不过是同意在有三个名词的句子中如果看到一个宾格形式就说这是“受事”。就戴弗尔的很多例子而言，如果他说的是与格的功能是不变的，而宾格的作用却决定于像动词的词汇意义这样一些条件，那样，他的论点反倒每一点都是令人信服的。另外，在只有两个名词的句子中出现的那“二三十个动词”，在牵涉到假定选用宾格或与格都没有多大差别这个问题上显示出某种语义上的相互关联现象，这些动词恐怕不应该撂在一边，当作不重要的例外来处理。

可以认为，戴弗尔提出的论点是企图把格作为在组合关系中已经确定下来的实体来看待而去确定其语义功能，而按照叶姆斯列夫和雅可布逊的方式提出区别性对立，则是企图从聚合关系的对立概念的观点去看格的功能。库里沃维奇（Kuryłowicz，1960，pp. 134，141）曾经批评过这后一种观点。在波兰语和俄语中在宾格直接宾语和属格（部分格）直接宾语之间存在着明显的对立，如例 13 和例 14：

13. Дай нам хлеб.（给我们面包！）
14. Дай нам хлеба.（给我们点面包！）

这并不是这些宾语名词和动词之间句法功能上的差别，而毋宁是属于在有冠词的语言中冠词的选择对有关名词的语义内容产生影响那样的句法领域中的差别。在俄语中这种差别是在名词的格的变化上反映出来的，但是单单这一事实并不足以决定其成为该语言的格的体系固有的一部分的性质。

又如例 15 和例 16：

15. Он прыгает на столе.（他在桌子上跳。）

16. Он прыгает на стол.（他跳到桌子上。）

这两个句子中在表示处所/方向的前置词后面用处所格的名词和用宾格的名词截然对立所表示的差别，用转换语法的术语来说，牵涉到的是这些前置词短语是包含在动词短语组成成分之内，还是不包含在内的区别。这就是说，如果表示处所的前置词短语不包含在 VP 成分之内，就表示 VP 所指的动作所发生的地方。包含在 VP 之内的处所前置词短语则是动词的补语。包含在 VP 之内时，究竟是处所意义还是方向意义完全取决于有关的动词；不包含在 VP 之内时，始终表示处所意义①。

库里沃维奇在分析例 15 和例 16 时用的也主要是这样的观点。他认为方向短语 на стол 比处所短语 на столе 和动词“更密切”。同样的动词有时候带，有时候不带处所（或方向）补语，这种

① 这一段原文费解，问题是在该用“前置词”的地方都用了“前置词短语”。按俄语语法，如果 на 前置词短语跟在动词后面，不在动词短语内部，那么整个前置词短语是状语，表示处所；如果前置词（不是前置词短语）和动词结合在一起组成动词短语，那么后面的名词就是“动词＋前置词”的补语，究竟表示处所还是表示方向取决于有关的动词。这也就是说 V＋(P＋N)跟(V ＋ P)＋N 不一样，道理跟原注(34)的法语例子一样，有的“不及物动词＋前置词”等于一个及物动词，所以就跟一般的“不及物动词＋前置词短语处所状语”不一样。

情况恰好说明两者之间的明显对立。因此在像例 13 和例 14，或是例 15 和例 16 之间并不存在真正的聚合关系的对立。

库里沃维奇自己研究格的方法考虑到了另一类语法现象，即句子的关联性。他的观点是，格形成一种通过诸如被动转换这样一类语法手段来沟通的相互关系的网络。例如，主格和宾格的区别是在格的系统中反映了更为基本的被动句和主动句之间的区别。根据他的观点，hostis occiditur（敌人被杀）变为谓语 hostem occidit（杀敌人），其中主要的变化是从 occiditur（被杀）到 occidit（杀）的变化，这种变化引起从 hostis（“敌人”，主格）到 hostem（“敌人”，宾格）伴随的变化。

句子的名词化起到了把宾格、主格都和属格联系起来的作用，因为在转化为属格的过程中，宾格和主格都中和了，例如 plebs secedit（平民退出）之变为 secessio plebis（“平民的退出”，主语性属格）和与之对立的 hostem occidere（杀敌人）之变为 occisio hostis（“对敌人的屠杀”，宾语性属格）。

因此，主格和宾格的关系是两极性的反映；这两个格和属格之间的关系是通过把动词变为名词的手段来沟通的。其余各格，即与格、离格、工具格、处所格之进入这一网络是由于这些格除了起状语作用以外，每一种格都可以用作某些动词的宾格的变体。这就是说，有些动词（带“直接宾语”时）“支配”的是离格（例如 utor“运用”）而不是宾格[15]。

（三）格的历史

除了关于格的用法的研究和把特定语言的格作为内部一致的体系的成分来解释的研究以外，文献中还包括大量关于格的历史研究，而这些研究同样是各不相同的。有些研究工作者致力于揭示某种语言或某一语系的格的原始意义；而另外一些研究工作者则致力于追溯格的语素起源于其他语素，它们或者是句法功能词，或者是某种派生语素。还有一些研究工作者从一种格的体系的历史中看到了不同类型的另一种格的体系，提出了关于早期类型的“本质原始性”的假设，或者没有提出这种假设。

在语言学的历史学家之中很普遍的一种假设是，表示格的词缀可以追溯到不是格的概念。最终成为印欧语格的词尾并表示主格单数阳性的*-s，解释为过去是指示代词*so，后来转为后缀，表示确定的主语；而这个*so本身又有些人认为是起源于原始印度赫梯语的句子连接成分（Lane，1951）。同一形式也有人解释为是一种派生语素，表示某种行为直接牵涉到的一个特定的人，与此相对立的是一个不同的派生词缀*-m，表示一个非主动的对象，或者是行动的结果[16]。同意后一种观点的学者并不要求自己相信在“综合”语之前必然存在过先行的“分析”语的阶段[17]。

第二种关于格的体系内部历史演变的探索是从某一类格的体系追溯到另一类格的体系。在这里特别令人感兴趣的是有人提出印欧语的格的体系来源于一种“作格”（ergative）体系。下面还要比较详细地讨论格的类型学问题，但是我们可以简单地说一下什么是“作格”体系：这种体系规定及物动词的主语用一种格（作格），而不及物动词的主语和及物动词的宾语用另一种格。另一方面，“宾格”（accusative）体系则规定不论是及物动词还是不及物动词的主语都用同一种格，而及物动词的宾语则用另一种格（宾格）。作格体系的一个共同的特点是“属格”形式和作格相同（或者换句话说，作格有“属格”的用法）。

印欧语的 * -s 和有生命性（animateness）有联系（典型的及物动词的主语是有生命的），最初主格单数的 * -s 和属格词尾一致，中性词尾 * -m 和阳性宾格形式一致，这些现象使很多研究工作者得出结论，认为我们的语言祖先说的是一种“作格语言”[18]。在下文就要提到，如果发生过这样的变化，这是一种牵涉到“主语”的概念的变化。

（四）当前生成语法中的格

在生成语法学家的著作中迄今在大多数情况下没有人提出过疑问的关于格的一种假设已经由莱昂斯（1996，p. 218）讲清楚了，他说：“‘格’（就有这种范畴的语言而论）根本不存在于‘深层结构’之中，而仅仅是特定的句法关系在屈折变化方面的‘体现形式’而已。”有关的句法关系事实上可能是只在表层结构中才确定的那种关系，如由于运用被动转换出现了一个句子的表层主语（例如规定要用“主格”形式），或如在运用名词化转换时同时要加上“属格”标志。乔姆斯基很少谈到格的问题，有一次是在讨论修辞性倒装的边缘性质时提到的；尽管在生成语法中主要根据表层的位置来规定英语代名词的格的形式，相对而言是较晚的事情，可是确定修辞性倒装规则就更晚了。用这种方法才有可能来说明 him I like(他，我喜欢)这类形式；其中必须先规定代名词的格的形式，然后才能把 him(他)提前(1965，p. 221)。

我觉得，如果把规定格的形式和在英语中规定前置词或在日语中规定后置词的规则看成完全性质类同的话，那么讨论起格的问题来可能会看得更清楚些[19]。有一些语言使用格的形式十分广泛；所以那种认为根据简单几条规定的句法关系就可以直截了当地来规定名词的格的形式的假设，看来是过多地把英语代名词的情况当作依据。

英语中的前置词——或者在名词短语前不用前置词，这种情况可以作为相当于零前置词或没有标志的格的词缀来处理——是根据好几种类型的结构特征来选择的，而且选择的方式和在像拉丁语这样一种语言中决定特定的格的形式的方式完全类同：作为(表层的)主语或宾语，出现在特定的动词后面，出现在有特定名词的结构中，出现在特定的结构中，诸如此类。要把这两种手段看成是类同的现象，唯一的困难是，即使是拥有最复杂的格的语言也可以有，比如说，前置词和格的形式连用的形式，再者，某些前置词还有独立的语义内容。如果我们在承认选择前置词的条件基本上和选择格的形式的条件属于同一类型之后，只要同意起决定作用的条件可以同时决定用某种前置词和某种格的形式，那么上述困难中的第一项困难就消失了。第二项困难仅仅意味着，正确的描写要允许在某些上下文中选择前置词有某种灵活性，并且意味着这种选择和语义有关。“真正的”格的语言也提供了类似的办法，例如，在其他方面完全相同的结构中可以选用这一种格或那一种格，或者可以用有语义作用的前置词或后置词。

在选择格的形式（前置词、词缀，等等）的时候牵涉到的句法关系实际上分为两类，一类我们可以称之为“纯粹的”或“组合”关系；另一类可以称之为“标记”（labeled）或“中介”（mediated）关系[20]。“纯粹”关系就是可以用直接支配关系来表示的语法组成成分之间的关系。据此“主语”的概念可以确定为一个NP和一个直接支配它的S之间的关系，而“直接宾语”的概念等于一个NP和一个直接支配它的VP之间的关系。“某某的主语”这种关系，如果理解为存在于深层成分之间，就称为深层结构主语；如果理解为存在于（没有经过修辞变动的）表层结构成分之间，就称为表层结构主语。这种区别看来相当于传统的“逻辑主语”和“语法主语”之间的区别。

“标记”关系我指的是一个NP和一个句子，或者和一个VP之间的关系，通过一个准范畴（pseudocategory）标记来表示，如方式、范围、处所、施事。

很明显，如果产生表层主语的所有转换办法，其结果总是把一个NP直接下附于一个S，并附有条件保证不再有任何其他NP同样直接下附于同一S；如果在任何情况下，在没有经过修辞变动的表层结构中，只有一个NP下附于一个VP；那么这两种“纯粹”关系正是决定在某种类型的语言中“主格”和“宾格”范畴最典型的出现环境的关系。至于其余各格的形式，或者根据特定的支配词的独特性质来决定，或者根据某种“标记”关系来决定，例如在例17中之所以选择by是由范围短语中的支配范畴“范围”决定的。

17. He missed the target by two miles.(他没有射中靶子,偏了两英里。)

在我以前的一篇论文中(Fillmore,1966),我曾经指出,没有任何语义上确定的内容和"主语"的概念联系在一起(除非有可能使"谈到的事物"这种说法具有某种实际意义,而且即使这一点能做到,还得决定究竟这样一种概念和"主语"这种关系有何种联系);并且还指出,在表层的主语关系中没有一种和语义有关的关系是不能在某个地方用"标记"关系来表达的。我由此得出结论,在NP和包含这些NP的结构之间同语义有关的句法关系必然属于"标记"关系的类型。这一结论的意义包括:(1)消除了VP范畴,(2)为某些语法系统增加一项或一整套产生"主语"的规则。换言之,"主语"关系现在是完全当作一种表层结构现象来看待的。

二　几点初步结论

我曾经提出过，有理由怀疑关于主语和谓语的传统区分法在深层结构中是否有效，这种区分法某些人认为是贯穿于所有语言的所有句子的基本形式之中的。我的观点似乎和泰尼埃尔(1959,pp.103—105)的观点相同，他认为主语/谓语这种区分法是从形式逻辑输入到语言学理论中来的一种概念，语言现象并没有证实这种概念，而且更有甚者，这种区分法实际上掩盖了"主语"和"宾语"之间很多结构上的平行现象。可以接受某些学者提出来的关于表层的"谓语"和"限定结构段"(determinative syntagm)之间的区别[21]。但是这不意味着也就相信主语/谓语这种区分法在深层结构句法关系中在句子的组成成分之间起什么作用。

一旦我们把"主语"解释为一种表层结构的现象，那么关于在某些句子中有表层主语的语言中有"无主语"句的说法，或者是关于某些语言看来完全没有和我们的语法传统中的"主语"相当的成分的说法，也就不必视为特别令人不安的了。不幸的是，断言特定的语言或特定的句子"无主语"的这种说法，有理由很充分的，也有理由很不充分的，因此可能有必要讲清楚我指的是什么。必须区分两种不同情况，一种情况是不存在一种可以严格地称为"主语"的成分；另一种情况是由于复指而省略，失去了这样一个成分[22]。罗宾斯(Robins,1961)在评论泰尼埃尔(1959)时,指责泰尼埃尔没有把主语和句子的其他部分分开来。在罗宾斯看来,泰尼埃尔决定把主语仅仅当作动词的补足语来处理,一定是和像在拉丁语那样的语言中主语可以省略这一现象有联系的。如果泰尼埃尔之所以认为主语从属于动词真的是由于主语之可以省略,又如果在任何一种语言中主语这一成分之不可以省略会使他相信在所有的语言的句子处于底层结构中主语的确有其和谓语并立的特殊地位,如果是这样的话,那么我觉得,提出一种本来可能是很正确的分析,这样的根据却很糟。

看来最好在语言学理论中给复指手段(anaphoric process)的作用以一席之地,这种手段起到了使那些有一部分和邻近的句子相同(或者一部分可以"意会")的句子缩短、简化、取消重音的作用。英语的复指手段恰好是用代名词、重音减弱,也用省略的办法,在同样的条件下,其他语言可能全部只用省略的办法[23]。在后一类语言中,在某些情况下,被省略的成分恰好是"主语"。换言之,在某些语言中在某些话语中不出现主语名词,这本身并不构成否定主语/谓语这种分法的普遍性的充分论据。现在有一些更充分的论据。其中有些已经提到过了,有些即将在下文提到。

区分表层和深层结构的格的关系,把"主语"和"宾语"解释为属于表层结构的某些现象,把在实际话语中的名词的特定的语音形式看作是由在不同的地点和时间可以发生很大变化的许多因素所决定的,我们通过这些办法消除了对(表层)格的体系无法比较的现象感到惊讶的理由。我们认为有可能部分地同意本内特的意见,他在评述了十九世纪一些代表性的格的理论之后说

(1914,p.3),他们的错误在于都相信"这种可疑的假定……似乎所有的格都必须属于一个单一的格式,似乎都是某种一贯体制的组成部分"。但是,我们不必追随他得出结论,认为唯一有效的一种对格的研究方法是研究每一个格的最初的价值。

格林伯格认为,格本身,不能作跨语言的比较——两种格的体系可以有不同数目的格,而格的名称可能会掩盖功能方面的不同——但是格的用法可以认为是能比较的。例如他预言,格的各种用法会"在出现频率方面实质上相同,不过在不同语言中组合方式不同而已"(1966,p.98,也请看 p.80)。格林伯格是联系到那些"真正的"格的语言而提出对格的用法作跨语言研究的建议的,但是看来很明显,如果一种语言中"表示施事的与格"可以等于另一种语言中"表示施事的离格",那么完全依据同样的理由,也应该在所谓无格的语言中可以看到名词和动词之间这种"施事"关系。再者,如果结果发现包含施事关系的句子可以和其他一些语法现象联系在一起,那么贯穿整个格的研究的那些概念就会比只牵涉到描写表层格的体系的那些概念有更重大的语言学上的意义。这些新增加的现象可以包括确定能进入这种关系的一批有限的名词和一批有限的动词,以及证明用这种分类法能说清楚的任何其他概括的现象。也可能发现更高层次的依存关系,如受益短语限于在深层结构中包含施事关系的句子。

当然,现在应该要问,我们是不是有充分理由用格这一术语来表示讨论中的这类模糊的句法—语义关系。很多学者坚决认为,只有在名词的屈折变化中能发现明显的格的语素的场合才可以使用这一术语。对叶斯柏森来说,即使在前置词短语中并无

"处所"意义时①,要谈论"分析性"的格也是错误的,因为格是一回事,前置词加宾语结构是另外一回事(1924,p. 186)。叶斯柏森的观点是有点渲染了的,因为他相信,英语没有格代表一种进步状态,对此我们应当表示感谢[24]。

卡西迪(Cassidy)在1937年呼吁挽救格这个词,不要滥用,他说(p. 244):"只有充分承认格是和屈折变化联系在一起的,并且放弃那种把这一术语扩展到包括其他各种'形式上'的区别的努力,'格'这一术语才能正确地得到运用,才会继续有点意义。"莱曼(Lehmann,1958)用类似的口气指责赫特(Hirt)提出的观点:赫特认为在形成格的词尾之前必先有格的意识,换言之,"在操前印欧语和原始印欧语的人中间有一种格的气质"(p. 185)。莱曼接着说(p. 185):"我们可以用这样的假定来解释赫特的观点,那就是对他来说,格是一种概念范畴,不管是否体现在形式上。对我们来说,除非一个格表现为某种在一个体系中互相对立的形式,否则这个特定的格就根本不存在。"主张一定先有各种不同类型的句法关系,然后才会产生各种格的形式来表达这些句法关系,这种意见肯定不会有人反对;显然,犯众怒的是用了格这个词。

我觉得,如果的确有在研究格的体系时讨论到的那一类可以辨认的句子内部关系(不管有没有通过格的词缀表现出来),如果能够证明这些关系跨越语言也是可以比较的,又如果关于这些关系的普遍性的假设可以用来预测或解释某些情况,那么,在含义

---

① 叶斯柏森《语法哲学》第187页的原文是:"前置词 to 的处所意义经常是或多或少减弱了的,但是即使在 to 完全没有处所意义的场合,这一点也不应该使我们谈论什么与格"。

明确的深层结构的意义上使用格这个词去指这些关系，还要加以反对就没有意义了。在接受句法中心论的语言学说中，关于格这一术语的争论就没有劲头[25]。

因此，就我们目前所讨论的问题而言，我们可以同意叶姆斯列夫的意见，他认为，如果我们抛弃了格这种语法范畴的一种主要特征是表现为附加在体词上的词缀这种见解的话，那么进行格的研究才会取得最大的成果。以下我用格这一术语来指处于底层的句法—语义关系，用格的形式这一术语来指特定的语言中某种格的关系的表现形式，不论是通过词缀，还是通过异干法（suppletion），还是通过附加助词，还是通过词序制约的办法；对格这一术语最早提出这种用法的，据我所知，是布莱克（Blake，1930）。

三　格的语法

对于转换语法的理论我想提出的实质性的修正可以归结为重新引进作为“概念框架”来理解的格的体系，不过这一回已经清楚地理解到深层结构和表层结构之间的区别。句子在基础结构中包含一个动词和一个或几个名词短语，每一个名词短语以一定的格的关系和动词发生联系。这样一种框架的“说明”作用在于必然会主张在一个简单句中每种格的关系只能出现一次，尽管可能出现同一个格的复合情况（通过名词短语的联结）[26]。

一种深层结构的有普遍意义的格的体系，其说明价值在性质上是属于句法方面的，而不（仅仅）是属于词法方面的，理解这一点是重要的。在简单句中各种不同的格可能出现的各种不同安排方式表达了“句型”的概念，这种句型概念可以具有普遍适用性，不管诸如在主语选择方面的表层的不同之处。决定某种语言句子类型的格的安排方式起到了迫使对该语言的动词（根据能用于何种句型）进行分类的作用；并且很可能，这种分类法的很多方面会是普遍适用的。

对特定的动词来说可用可不用的格的成分，连同产生主语的规则，可以用来说明各种同现的限制。例如，在例 18 中，主语对动词来说处于施事关系；在例 19 中，主语是工具；在例 20 中，施事和工具在同一个句子中出现，不过在这里施事作为主语出现，而不是工具作为主语出现。

18. John broke the window.（约翰打破了窗户。）
19. A hammer broke the window.（一把锤子打破了窗户。）
20. John broke the window with a hammer.（约翰用一把锤子打破了窗户。）

例 18 和例 19 的主语在语法上是不同的，这说明了为什么把这两个句子的主语联结在一起不能产生这两句加在一起的意义。因此，例 21 是不能成立的。

21. * John and a hammer broke the window.（* 约翰和一把锤子打破了窗户。）

只有表示相同的格的名词短语才可以联结。同样，在同一个简单句中只能出现某一特定的格的关系的一个代表项，连同主语选择的一般规律以及格和词汇特征之间的多余信息现象（例如施事和有生命性之间的多余信息），这些说明了例 22 是不能接受的。

22. * A hammer broke the glass with a chisel.（* 一把锤子用一把凿子打破了玻璃。）

这是不能接受的，特别是因为可以解释，锤子和凿子都是作为工具来理解的。因为名词锤子是无生命的，这个句子不可能是包含一个施事和一种工具的句子[27]。

提出这样一些假设之后就可以解释这种依存关系，这就是：如果句子中包含一个表示工具意义的 with 短语，那么这句主动的及物动词句的主语就必须能解释为施事的人。可以看到这一规律的明显的例外情况，即有不同的底层结构。例 23 看起来像是一个例外，但是只要注意到 its（它的）这个词的作用，例 23 和例 22、例 24 之间的本质区别就显而易见了。

23. The car broke the window with its fender.（汽车用它的挡泥板撞破了窗子。）

24. * The car broke the window with a fender.（* 汽车用一块挡泥板打破了窗子。）

例 24 违反前面讨论过的那些条件，但是例 23 是例 25 的另一种说法，可以理解为和例 25 结构相同。

25. The car's fender broke the window.（汽车的挡泥板撞破了窗子。）

这里提出的问题是例 23 和例 25 是无施事句，包含一个表示工具的被属格修饰的名词（the car's fender）。选择主语的规则在这种情况下允许有任意性，或者是整个工具短语作为主语（如例

25),或者是只把"领有者"作为主语,工具短语的其余部分和前置词 with 在一起出现(如例 13)。第二种选择要求在工具短语中留下一点"痕迹",这就是合适的所有格代名词。像例 26 和例 27 这样的句子也可以用同样的办法来说明,这两句也可以解释为在深层结构中是一致的。

26. Your speech impressed us with its brevity.(你的讲话以其简洁给我们留下了印象①。)
27. The brevity of your speech impressed us.(你讲话的简洁给我们留下了印象。)

这些例子特别使人信服地表明了"句子的主语"这一概念的表层性质,因为在所有者用作主语的场合,"主语"甚至还不是句子中的一个主要成分,而是取自主要成分之一的修饰语。其次,在句子的基础结构中,我们看到的有"命题"(proposition),这是一组牵涉到动词和名词(还有内嵌句,如果有的话)的关系项,并且不带时态,和可以称之为"情态"的成分分开。后者包括诸如否定、时、式和体这样一些和整个句子有关的情态成分[28]。就本文的目的而言,情态成分的确切性质可以不论。但是,很可能某些"格"直接属于情态成分,正如另外一些"格"属于命题本身,例如某些时间副词[29]。

据此,第一条基础规则见 28,简写为 28′。

① 为了尽可能照顾原文的结构,译文是不太顺的。凡例句译文一律优先考虑原作者要突出的结构特点。

28. 句子——→情态＋命题

28′. S→M＋P[30]

成分P“扩展”为一个动词和一个或一个以上的格的范畴。以后再规定一条规则自动为每一种格规定如何把这一范畴体现为NP(除了一种情况例外，那可以是一句内嵌的S)。实际上，格的关系是用居支配地位的范畴符号来表示的。

P的扩展可以设想为如29所列的一套公式，其中至少必须选择一种格的范畴，不过同一个格的范畴不得出现两次。

29. $P \rightarrow V + C_1 + \cdots + C_n$

这些公式能不能根据常用的简写办法来缩短，目前还不清楚。我们的目的是设想P可以由包括V＋A，V＋O＋A，V＋D，V＋O＋I＋A等等在内的一系列公式中的任何一种公式来表示。(字母符号在下文解释)

格的概念包括一整套带普遍性的，可以假定是内在的概念，相当于人类对在其周围发生的事情所能做出的某些类型的判断，诸如谁做了这件事情，这件事情发生在谁身上，什么东西发生了变化这类事情的判断。看来用得着的格包括下列各种：

施事格(A＝Agentive)，表示由动词所确定的动作能察觉到的典型的有生命的动作发生者[31]。

工具格(I＝Instrumental)，表示对由动作词确定的动作或状态而言作为某种因素而牵涉到的无生命的力量或客体[32]。

与格(D=Dative),表示由动词确定的动作或状态所影响的有生物。

使成格(F=Factitive),表示由动词确定的动作或状态所形成的客体或有生物,或者是理解为动词意义的一部分的客体或有生物。

处所格(L=Locative),表示由动词确定的动作或状态的处所或空间方向。

客体格(O=Objective),这是在意义上最中性的一个格,表示由名词所表示的任何事物,在由动词确定的动作或状态中,其作用要由动词本身的词义来确定;可以设想,这一概念最好应限于由动词确定的动作或状态所影响的事物[33]。这个术语不应和直接宾语的概念相混,也不应跟表层中和宾格(accusative)同义的那个格的名称相混。

肯定需要再增加一些格。在下文各处会提出增加的意见。

这些格里面没有哪一个格可以解释为和任何具体语言中的表层结构关系,如主语和宾语,是对应的,注意到这一点是极其重要的。例如 John(约翰)在例 29 中是 A,在例 30 中也一样是 A;the key(钥匙)在例 31,还有例 32 或例 33 中都是 I;John(约翰)在例 34,还有例 35 和例 36 中都是 D;Chicago(芝加哥)在例 37 和例 38 中都是 L。

29. John opened the door.(约翰打开了门。)

30. The door was opened by John.(门被约翰打开了。)

31. The key opened the door.(钥匙打开了门。)

32. John opened the door with the key.（约翰打开了门用钥匙。）

33. John used the key to open the door.（约翰用钥匙打开了门。）

34. John believed that he would win.（约翰相信他是会赢的。）

35. We persuaded John that he would win.（我们使约翰相信他是会赢的。）

36. It was apparent to John that he would win.（对约翰来说很清楚，他是会赢的。）

37. Chicago is windy.（芝加哥多风。）

38. It is windy in Chicago.（在芝加哥多风。）

列出的格的清单中包括 L，但是不包括相当于可以称之为方向格（directional）的项目。如上所述，有某些证据证明，处所和方向成分并不对立而只是表层的差别，这种差别或者是由有关成分的结构决定的，或者是由有关动词的性质决定的。霍尔（Hall）提出的一个例子（39）表明，由于出现替代词 there，to the store 和 at the store 只不过是同一实体由有关动词的运动和非运动性质决定①的变体[34]。

① left him there 如果不用 there，可以是 left him at the store，因而可以说 to the store 是由动词 take 的运动性决定的，at the store 是由动词 leave 的非运动性决定的。

39. She took him to the store and left him there.（她把他带到商店里，把他留在那儿。）

我已经说过，A 和 D 是有关动词所表示的活动的“有生命的”参与者；我也提到过，动词是根据整句提供的格的环境来选择的——以下将称之为“格的框架”。因此有两个词汇选择问题，即名词和动词的选择问题。某一特定的格所要求的名词的特征由下列方式的强制规则来规定，如在 A 或 D 词组中的任何 N 都必须具有［＋animate（有生命的）］这一特征。（请记取注 30 的说明）

$$N \longrightarrow [+\text{animate}] /^{A.D} [X \_\_\_ Y]$$

比较全面地照顾到和特定的格相联系的词汇特征，我们可以制定一种规则，给每一个名词加上一个确定其和句内其余部分的格的关系的标记。例如，这样一种规则可以把属于 L 的每一个名词和［＋locative（处所）］这一特征联系起来。因为诸如 idea（观念）这样的抽象名词无法用作 L 词组的中心词，所以这一类词将标作［－locative］。[35]

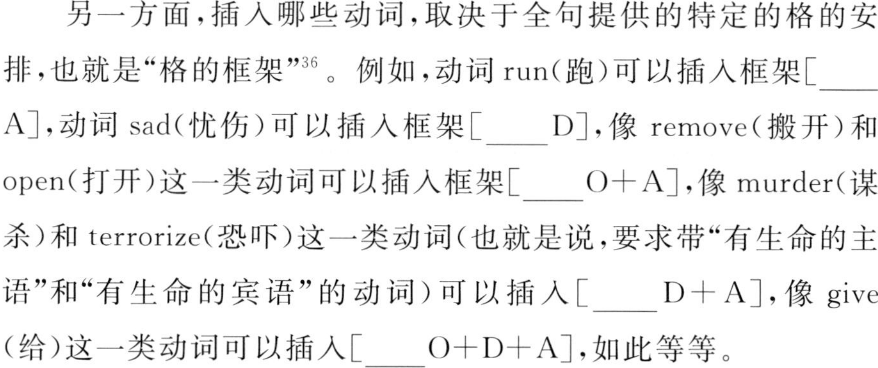

另一方面，插入哪些动词，取决于全句提供的特定的格的安排，也就是“格的框架”[36]。例如，动词 run（跑）可以插入框架［____ A］，动词 sad（忧伤）可以插入框架［____ D］，像 remove（搬开）和 open（打开）这一类动词可以插入框架［____ O＋A］，像 murder（谋杀）和 terrorize（恐吓）这一类动词（也就是说，要求带“有生命的主语”和“有生命的宾语”的动词）可以插入［____ D＋A］，像 give（给）这一类动词可以插入［____ O＋D＋A］，如此等等。

在动词的词条下，用缩写字母标写的说明称为“框架特征”，指出特定的动词可以插入某一类格的框架。规定这样的框架特征就要求对有关语言中的动词进行分类。这样一种分类是很复杂的，不仅是由于在 P 里面可能存在的格的环境是多种多样的，而且也由于很多动词可以出现在多种不同的格的环境中。要最直接地表达最后这种情况，可以在框架特征的表达方式中附上供选用的格。

举一个熟悉的例子，open（开）这个词，可以出现在[____O]中，如例 40，在[____O＋A]中，如例 41，在[____O＋I]中，如例 42，在[____O＋I＋A]中，如例 43。

40. The door opened.（门开了。）
41. John opened the door.（约翰开了门。）
42. The wind opened the door.（风把门吹开了。）
43. John opened the door with a chisel.（约翰用凿子把门撬开了。）

表示这一系列可能性的最简单的办法是用括弧来表示“随意”成分。这样，open 的框架特征就可以表达为 44：

44. ＋[____O(I)(A)][37]

具有同一特征的其他动词有 turn（转），move（移动），rotate（旋转），bend（弯）。

就 kill（杀）这样一个动词而言，必须指出，用大家熟悉的术语来说，这个动词带一个有生命的宾语，带一个有生命的或无生命的主语，另外，如果主语是有生命的，可以同时出现一个表示工具的词组。换言之，kill 的框架特征必须确定：或者规定有“工具”，或者有“施事”，或者两者兼而有之。如果可以用交叉括弧来表示，至少必须选用交叉成分中的一种，那么 kill 的框架特征可以表达为 45：

45. ＋[____D(I≬A)]

另一方面，动词 murder（谋杀）要求有“施事”。murder 的框架特征和 44、45 不同，因为 A 成分必须出现。这种框架特征如 46：

46. ＋[____D(I)A]

动词根据出现环境的再分类不仅仅取决于 P 的格的安排。因为其中一个格可以由 S（内嵌句）来表示，动词也要根据 O 成分是否是句子来进行再分类。根据惯例，我们把框架特征中的符号 O 解释为表示 NP，符号 S 解释为表示已经插入了一个 S 的 O。

框架特征＋[____S]表达出动词 true（真的），interesting（令人感兴趣的）等的特点；＋[____S＋D]这种特征共同适用于 want（要）和 expect（期望）这样一类动词；像 say（说），predict（预言）和 cause（使）这一类动词出现在框架[____S＋A]中；像 force（强迫）和 persuade（劝）这一类动词可以插入框架[____S＋D＋A][38]。

动词不仅由于规定可以插入某些格的框架，同时也由于各自

的转换特性而互相区别开来。这里最重要的变项包括(1)在没有某项总的规则来规定如何作出选择的情况下选择特定的NP作为表层主语或表层宾语;(2)在每一种格的成分前面,选择用什么前置词,在这种情况下,前置词是由动词本身的独特性质来决定的,而不是由某项总的规则来决定的;(3)其他特殊的转换特征,诸如,就带S补语的动词而言,要选择特定的补语成分(that,-ing,for,to,等等)以及事后对这些成分的转换处理。

在标写框架特征时使用括弧,以及在转换过程中引入主语,这些办法使词库里的语义描写项目可以减少。P的语义解释应包括在P中出现的各种特定的格的关系所提供的全部信息,而这些信息在对动词的语义描写中都可以略而不提。如前面已经提到过的,就具有特征44的动词来说,某些有关的及物和不及物动词就无须分别进行语义描写。这一点可以用英语动词cook(烹调,煮)来进一步加以说明。cook的框架特征大致如47:

47. +[____O(A)]

这一动词独特的转换特征是,如果有A,而且O是表示属于这一动词的典型的NP(这就是说,如food"食物"或meal"饭"之类)的某个NP,那么O成分就可以删除。这个动词的语义描写仅需确定某种特定的动作,对由O成分确定的客体产生某种特定的后果。换言之,同一语义项对例48—50各句中cook的用法全都适用。

48. Mother is cooking the potatoes.（妈妈在烧土豆。）

49. The potatoes are cooking.（土豆正在烧。）

50. Mother is cooking.（妈妈在烧［菜］。）

用不着说这个动词有三种不同的意义，我们只需要说容纳这个动词的格的框架有某些变化，以及这个动词是一个“宾语可以删除”的动词就可以了。A 必须是有生命的，而 O 没有规定必须是有生命的，这就说明了为什么我们会觉得例 49 是有歧义的，因为我们可以容许在某种情况下违反语法要求，如我们在幼儿园里所学过的“拟人化”一类用法；而如果我们认为例 50 事实上也是有歧义的①，那是因为我们了解到人类社会中可能发生的各种行为。

cook 的例子说明，按我们提出的办法，词库不需要像在主语/宾语型语法中那样包括那么多的语义属性符号[39]。现在要求讲清楚，就是这种灵活性使语义属性的类型总数可以减少，因为现在有可能来说明某些在句法功能上不同的词，事实上在语义方面是等同的（就其和有关的格所附加的意义无关的那种意义而言）。举一个最容易想起来的例子，像 like（喜欢）和 please（使人喜欢）这样的动词就适用。这样两个动词可以描写成同义词。各自的框架特征都是＋［____O＋D］②；两者仅在选择主语的特点上有所不同。事实上，动词 like 在历史上的主语选择特征是目前 please

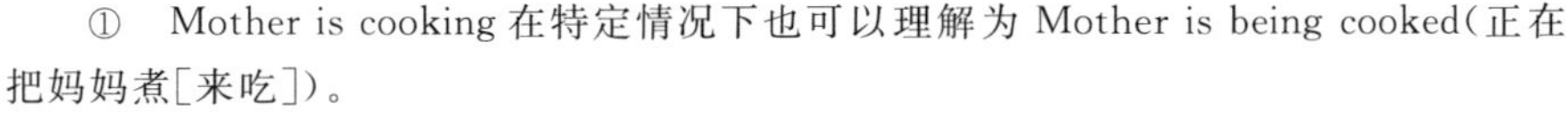

① Mother is cooking 在特定情况下也可以理解为 Mother is being cooked（正在把妈妈煮［来吃］）。

② 作者认为 like 和 please 没有施事。

的主语选择特征①。

再举一个另一类的例子，动词 show（给人看）的语义标写法很可以和 see（看见）一致，不同之点仅在于 show 的框架特征包括一个 A，而 see 的框架特征中不包括 A②。动词 kill（杀）和 die（死）之间的关系与此相似。

51. see（+[____O+D]）：show（+[____O+D+A]）

52. die（+[____D]）：kill（+[____D(I)A]）

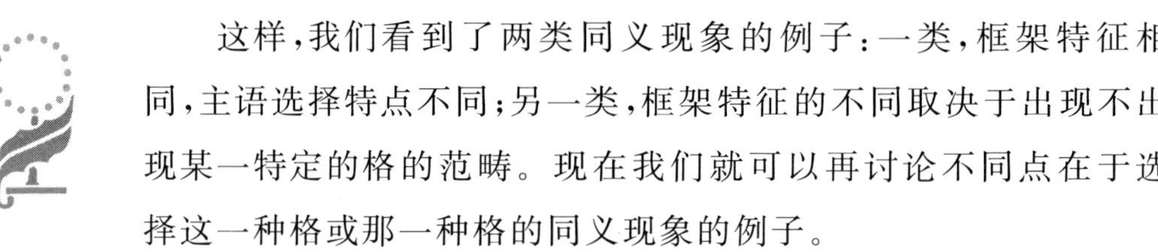

这样，我们看到了两类同义现象的例子：一类，框架特征相同，主语选择特点不同；另一类，框架特征的不同取决于出现不出现某一特定的格的范畴。现在我们就可以再讨论不同点在于选择这一种格或那一种格的同义现象的例子。

要记住 A 和 D 都是有生命的。某些动词的语义描写可以联系到有关名词的有生命性，不管这种有生命性的"来源"是 A 还是

---

① like 的古代用法和今天的 please 相同，可以说 It likes me not＝It does not please me（这并不使我欢喜）。please 是后来引进的法语借词。

② Fillmore 认为 see 的框架特征是+[____O+D]，也就是说在有 see 的句子中必须有宾语 NP，有与格 NP，而没有"施事"A。一般人认为"人"，至少是人的双眼是 see 的"施事"，叶斯柏森却早就提出，那是光线在物体上反射映入人眼，因此"人"或双眼都不是"施事"，而只是"受影响者"＝D。Fillmore 显然受到这种解释的影响。扩而广之，"人"也不能是"死"的"施事"。有兴趣的读者可参阅叶斯柏森《语法哲学》的有关部分。但是 look 是+[____O+A]，可以有"施事"和"受事"，这似乎是从 look 的主观能动性来解释的；kill 是+[____D(I)A]大概是为了照顾到 die 是+[____D]。在阅读过程中只能尽可能去追踪作者的分类原则，然后作出自己的判断。好在我们的着眼点在他提出的"方法"，不一定要同意他的分类细节。

D。这就是说，标写某些动词的语义时可以规定和动词确定的状态或动作中必然是有生命的参与者有联系的某种关系或某种过程。hear（听见）和 listen（听）跟必然是有生命的 NP 的关系在两种场合都是一样的；包含这两个动词的 P 的语义解释上的不同之点是由有关的格所附加的语义所决定的，也是由包含 hear 的框架是[____O+D]而包含 listen 的框架则是[____O+A]这种情况所决定的。在用 listen 的场合，这种关系被理解为确定为 A 的那个人积极参与这一活动，这是由于出现了 A 才造成的，而不是由于 listen 的特殊意义造成的。在 see（看见），know（知道）和 look（看），learn（得知，从不知道到知道）之间可以看到同样的区别。

53. see，know（+[____O+D]）：look，learn（[____O+A]）

以上最后这一点就涉及莱可夫（Lakoff，1966）称之为“静态”和“非静态”的英语动词的特性。我们要提出的问题是，莱可夫提出的这些特征在动词的语义属性中是否是初始项，或者是这些属性能不能归并为我在前面刚论述过的那些概念。莱可夫已经注意到，“真正的命令式”、进行体、受益词组（B＝Benefactive）的出现，以及 do so 这种代替用法只和“非静态”动词一起出现。他的论点似乎是说，必须先给动词划分“静态”和“非静态”的特征，然后再保证 B 词组只准和“非静态”动词连用（倒过来说，有了 B 词组就只准选择“非静态”动词）；只是当动词是“非静态”的场合才能进行命令式转换，如此等等。我认为比较好的处理方式包含在我前面的论述中。“真正的命令式”的转换只适用于包含 A 的句子,而出现 B 词组(还有"外部的 L")取决于有一个 A。进行体只能和特定的格的框架联系起来加以选用,如包含 A 的框架。不需要给动词增加表示静态性的特性,因为,即使这种意见是正确的,也只有那些出现在包括 A 的 P 中的动词才出现在上述这类句子中[40]。

(五) 表层现象①

总结一下,我们以上的论述提出的意见是,每一个简单句的深层结构(命题部分)是一种包含一个 V 加上几个和整句发生某种特定的标记关系(格)的 NP 的配置。这些按范畴规定的关系包括诸如施事、工具、客体、使成、处所、受益等概念,可能还有其余几种概念。复杂句包含在"客体"格的范畴名下再引入"句子"这种范畴的循环②。动词根据容纳它们的不同的格的环境进行再分类,而动词的语义描写则或是把动词和这种环境中特定的格的成分联系起来,或是和具有作为特定的格的必然伴随现象而引入的特征(诸如有生命性)的成分联系起来。

这一节要讲的是在本文中提出的这类深层结构如何转化为句子的表层表达形式的某些方法。各种不同的手法包括选择显性的格的形式(通过异干法、加词缀、加前置词或后置词的方式),在动词中"录入"特定的成分,主语化,宾语化,序列排列,以及名

① 原文如此。前无(一)—(四),后无(六)……。

② 原文 recursion 数学中译"递归",此处表示重复出现。

词化。

表层的格的体系可以通过各种不同的方式和一套处于底层的格相联系。两种深层的格可能在表层结构中用同一方式来表示，例如在很多语言中D和O直接宾语都是用“宾格”来表示的（其中起决定作用的因素可能是在形成过程中的某个阶段这两个格都直接出现在动词后面）。A和D也可以用同一的显性形式来表示，其中起决定作用的因素可能是和格有联系的有生命性。或者，某种格的成分的表层形式也可以是由某个支配词的独特性质来决定的。

英语前置词的规则大体如下：A的前置词是by；I的前置词在没有A的情况下是by，在有A的情况下是with；O和F的典型的前置词是“零”；B的前置词是for；D的典型的前置词是to；L和T（＝Time[时间]）的前置词或者是还有一定的词汇意义（在这种情况下，作为随意成分从词库中选用），或者是由特定的有关名词来选择的[on the street“在街上”，at the corner（＝两条街道的转角）“在拐弯角上”，in the corner（of a room）“在（屋）角里”，on Monday“在星期一”，at noon“在中午”，in the afternoon“在下午”]。某些特殊的动词可能本身要求选择某个前置词，这对以上一般规律来说是例外情况[41]。

确定前置词的位置的办法可以是，或者把格的范畴改写为Prep＋NP，或者规定Prep作为NP的强制成分之一。我将采用前一种办法，虽然决定采取这种办法或那种办法的理由是并不十分明确的。为了保证这些基础规则的“普遍”性不受影响，办法是，假定前置词、后置词和格的词缀——不管是否另有语义内

容——实际上都是同一底层成分，即 K（德语 Kasus[格]的缩写）的体现形式。因此我们可以把所有的格的范畴重写为 K+NP。

每一个英语句子都有一个表层主语，即使仅仅是形式上如此。就大多数格的组合情况而言，有一种“优先”的或“无标记”的主语选择；就某些情况而言，无实际选择可言，因为已经规定只能用一种主语。选用“无标记”主语的一般规则大致如下：

54. 如有 A，A 为主语；如无 A 而有 I，I 为主语；如无 A 和 I，O 为主语。

例如，设某一特定句子的基础表达形式如 55：

55.

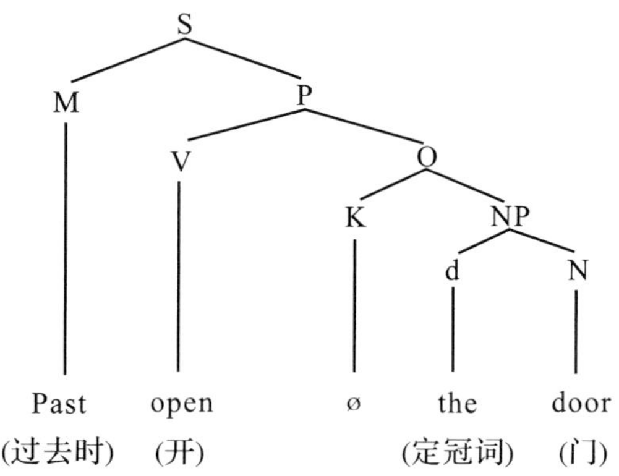

说明：

①缩写符号上文已有说明，一律不译。下同。

②“ø”表示“零”形态。

因为这个句子只包含一种格的范畴，所以必须移至句首（因而直接下联于 S 范畴),然后再进行主语前置词删除处理。换言之,要经过一个阶段,在该阶段这个有关句子的表达形式如 56 所示。

主语前置词删除规则取消前置词并删除格的标记。在运用主语前置词删除规则之后,全句形式如 57 所示。

把时态加入动词,结果就得出最终的表层形式,如 58 所示。

56.

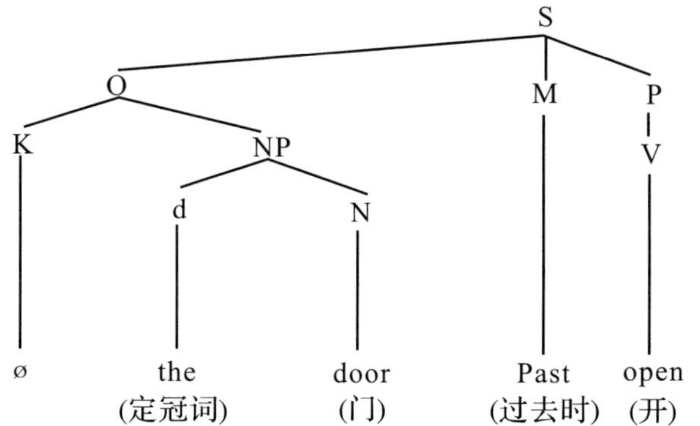

57.

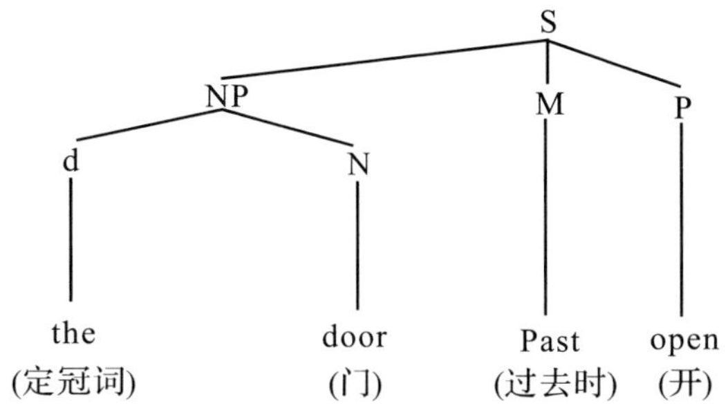

58.

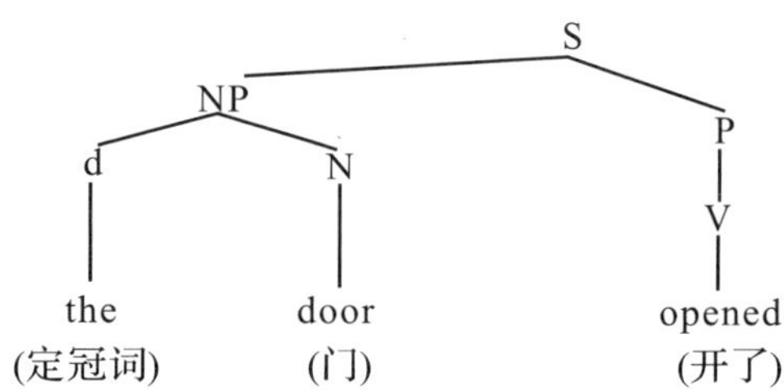

就一个包含 A 的基础结构来说,还必须区分主语的"常规"和"非常规"[42]选择。根据上文 54 提出的规则,选择 A 为主语,动词不需要有任何变化。59 到 60 表示主语提前,60 到 61 表示删除主语前置词,而 61 到 62 则表示第三种规则的作用,即删除宾语前置词[43]。以 59 为深层结构的句子的最终表层结构是 63。

59.

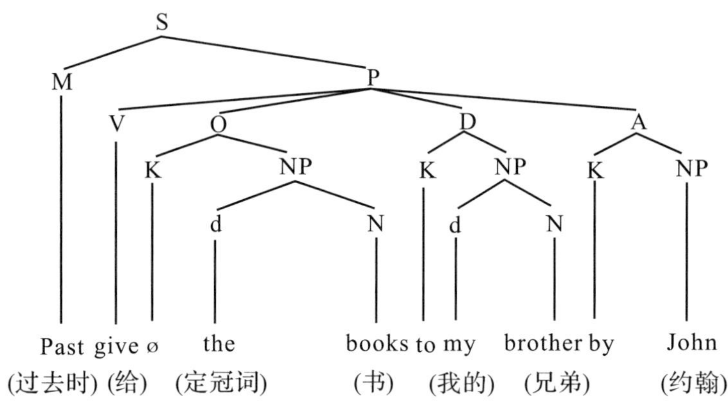

60.

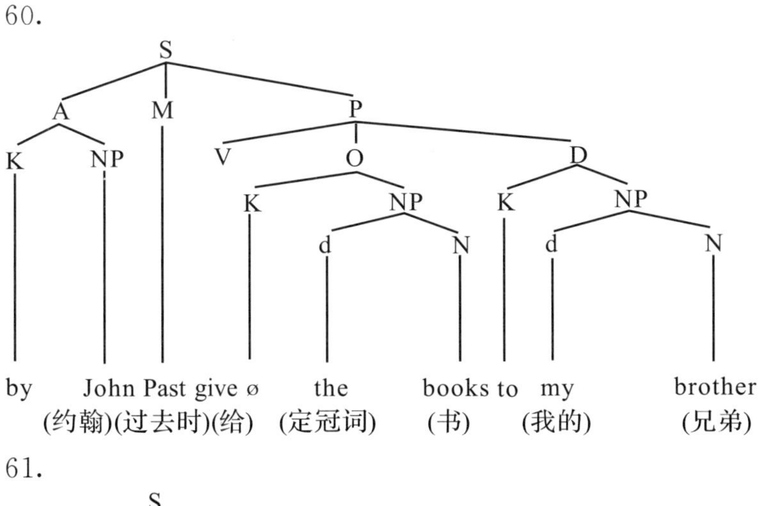

61.

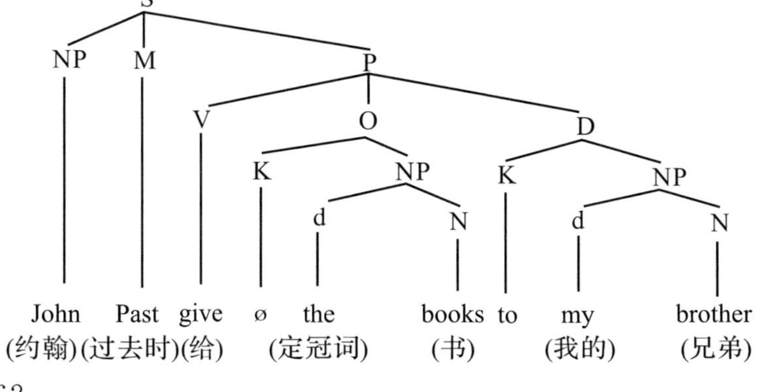

62.

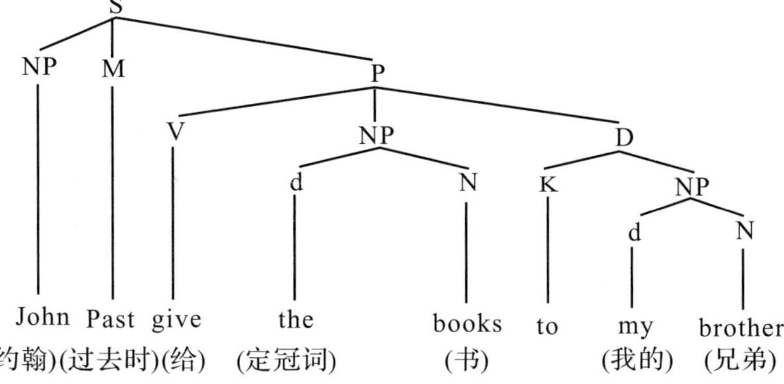

63.

S
NP P
V NP D
d N K NP
d N
John gave the books to my brother
(约翰) (给了) (这些) (书) (给) (我的) (兄弟)

64.

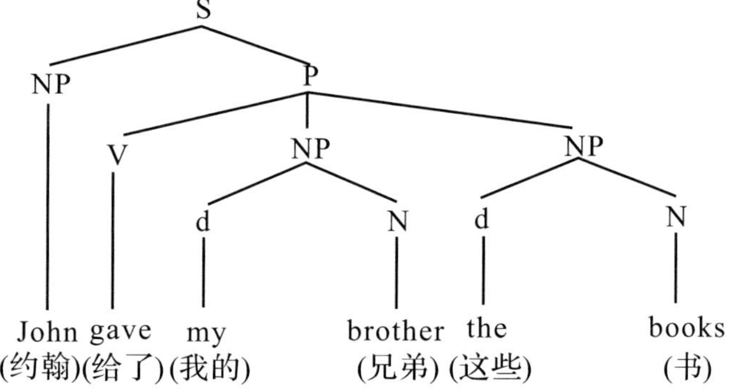

如果注意到动词 give(给)的特点是,用 A 作主语,O 或 D 可以用作直接宾语,那么 59 的另一种表层形式是 64(假定“删除”了“零”K 等于删除了格的标记)。

包含 A 的句子的主语“常规”选择,如 54 所表述的一般规则(这是英语的一条一般规则),就是 A。动词 give(给)也许可以 O 或 D 用作主语,只要这种“非常规”选择已“录入”这一动词。“录入”一个“非常规”主语要通过给动词加上[+passive(被动)]这一特征的办法。这一特征有三方面的影响:V 丧失宾语前置词删除特性，丧失吸收时的能力（要求在成分 M 中自动插入一个 be），而且在这种情况下必须填入一个特殊的“被动”形式（即 given）。65 到 68 表示选择 O 作主语时的转换过程，69 到 73 表示选择 D 作主语时的转换过程。

65.

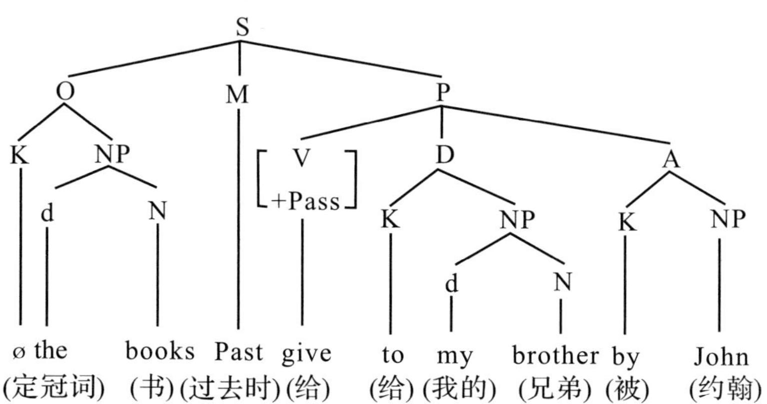

66.

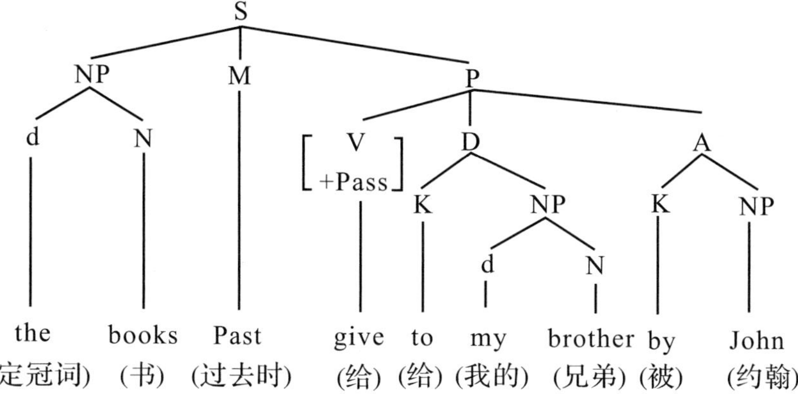

67.

S
NP
M
P
d
N
V
+Pass
D
A
K
NP
K
NP
d
N
the
(定冠词)
books
(书)
Past
(过去时)
be
give
(给)
to
(给)
my
(我的)
brother
(兄弟)
by
(被)
John
(约翰)

68.

S
NP
M
P
d
N
V
+Pass
D
A
K
NP
K
NP
d
N
the
(这些)
books
(书)
were
given
(给)
to
(给)
my
(我的)
brother
(兄弟)
by
(被)
John
(约翰)

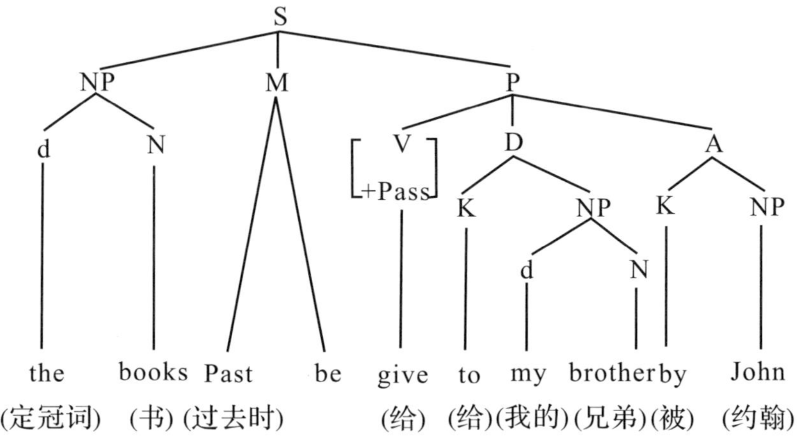

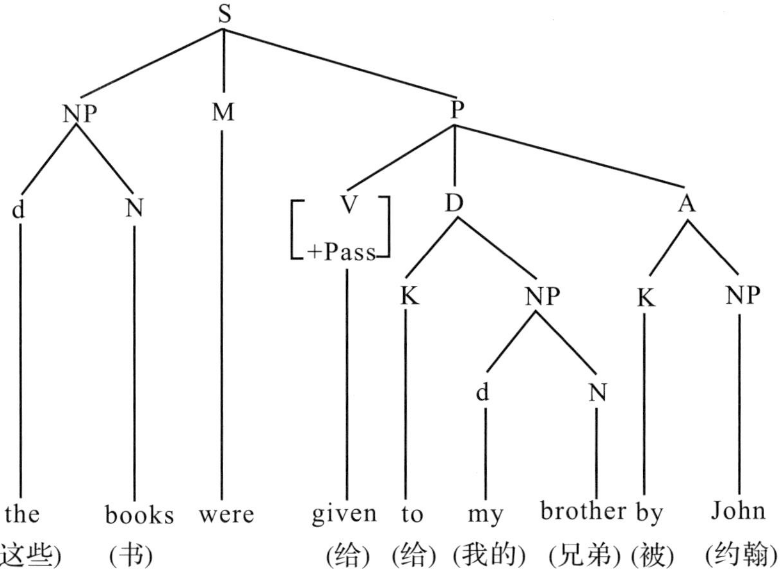

69.

S
NP
M
P
K
NP
V
+Pass
O
A
d
N
K
NP
K
NP
d
N
to my brother Past give ϕ the books by John
(给)(我的) (兄弟)(过去时)(给) (定冠词) (书)(被) (约翰)

70.

S
NP
M
P
d
N
V
+Pass
O
A
K
NP
K
NP
d
N
my brother Past give ϕ the books by John
(我的) (兄弟)(过去时) (给) (定冠词) (书)(被) (约翰)

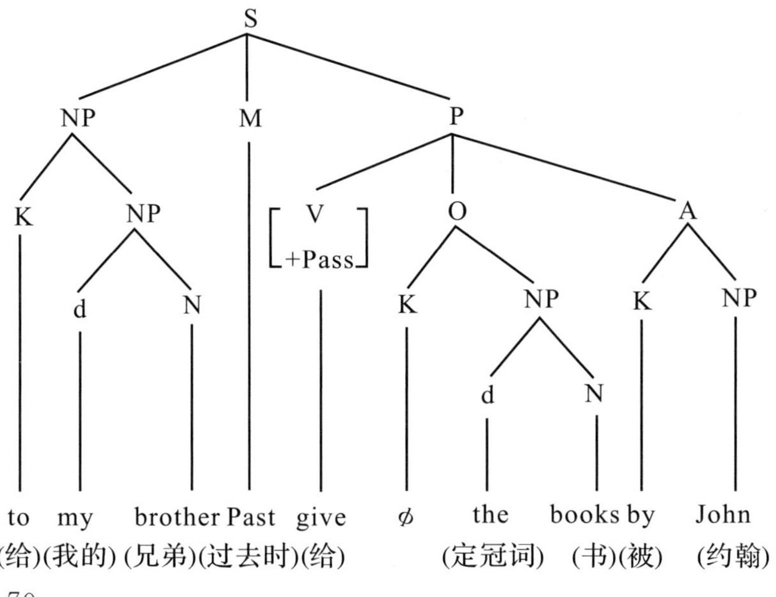

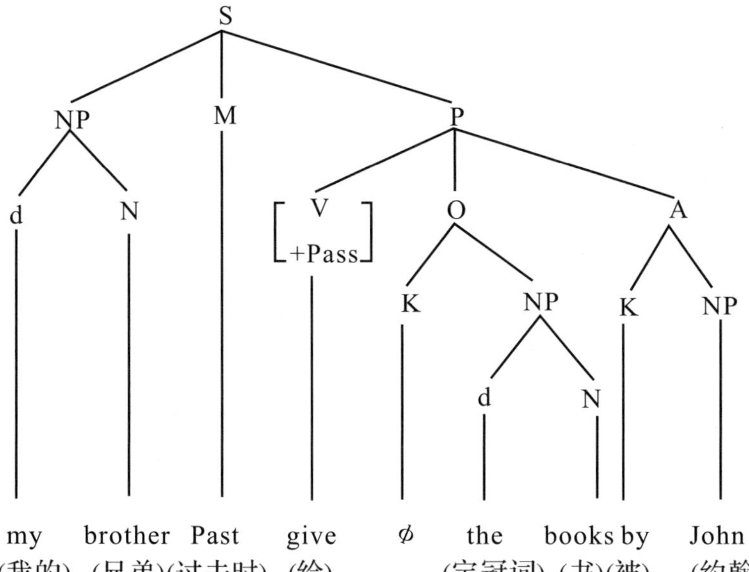

71.

S
NP
M
P
d
N
V
+Pass
O
A
K
NP
K
NP
d
N
my
(我的)
brother
(兄弟)
Past
(过去时)
be
give
(给)
ϕ
the
(定冠词)
books
(书)
by
(被)
John
(约翰)

72.

S
NP
M
P
d
N
V
+Pass
NP
A
d
N
K
NP
my
(我的)
brother
(兄弟)
Past
(过去时)
be
given
(给)
the
(定冠词)
books
(书)
by
(被)
John
(约翰)

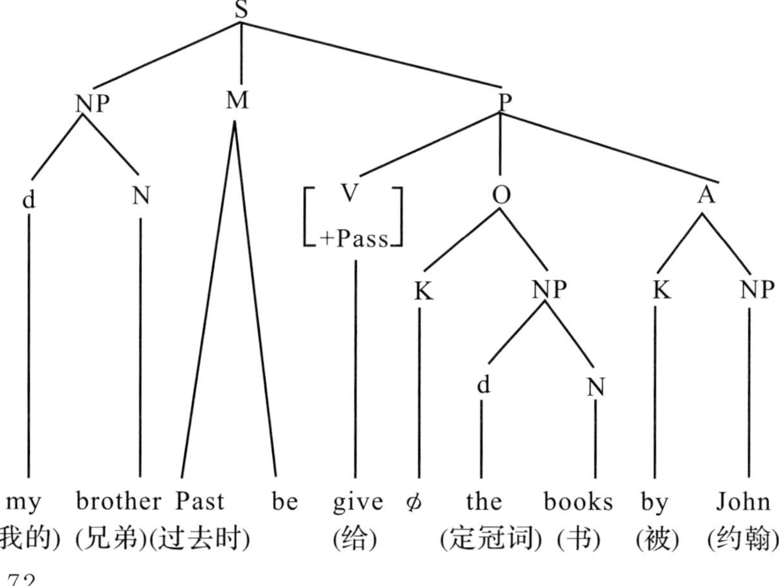

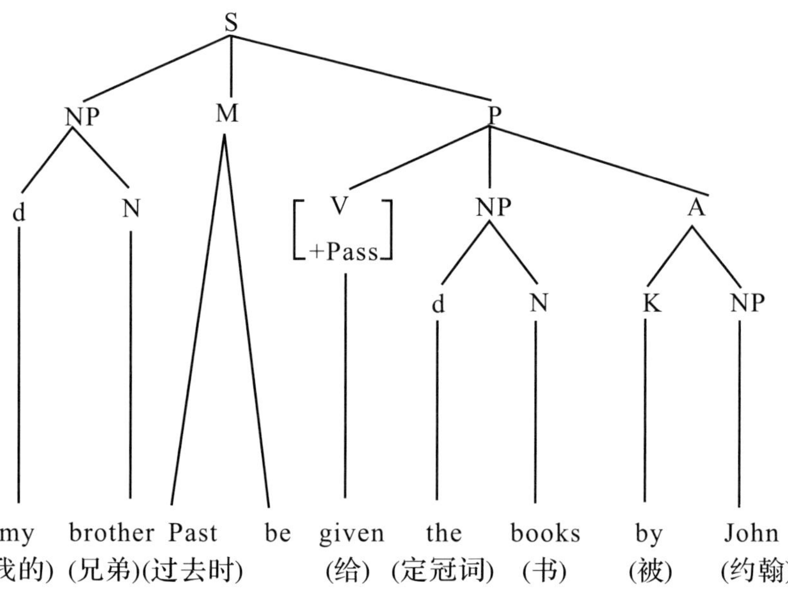

73.

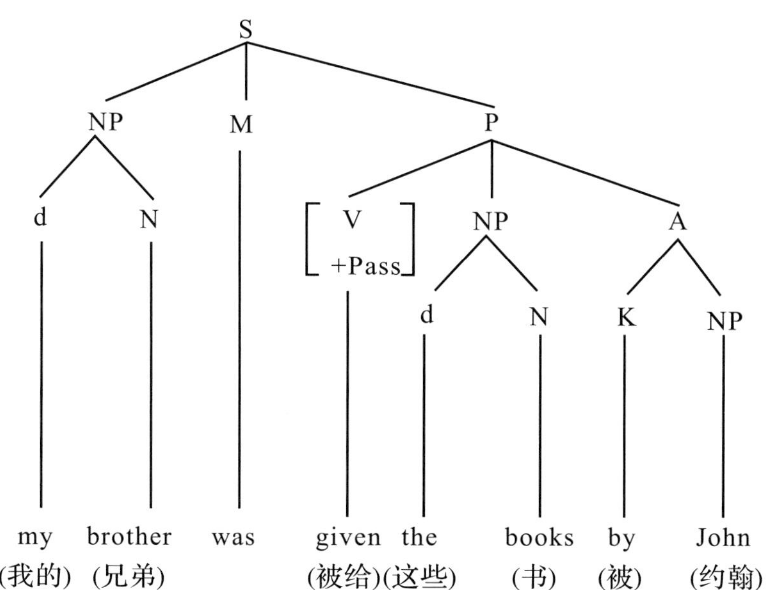

我们已经看到，如果只有一个格的范畴，其中的 NP 必然用作主语。59 到 73 表明在处理包含不止一个格的范畴的句子时的不同方式，其中某一个规定的格可以提供主语而 V 不发生任何变化，或者是由其他的格提供主语，只要可以这样做的决定的“记录”已附入 V。

对很多可以“带”不止一种格的范畴的动词来说，由哪一种格的范畴来提供主语是由动词本身指示的。在框架[_____O＋D]可以容纳的动词中，please（使人喜欢），belong（属于），interesting（令人感兴趣的）等选择 O 作主语，而 like（喜欢），want（要），think（想），还有其他一些动词，则选择 D[44]。

有时候，产生主语的办法不是把某一种格的成分移至“主语”

位置，而是把某一特定成分“复制”于这一位置。这看来是英语中关于主语位置的处理方式造成的，并且也和使用纯粹的形式主语有联系[45]。

复制替代成分的办法可以用 that 分句的例子来说明。“动词”true(真的)的框架[____S]中出现，即如图 74：

74.

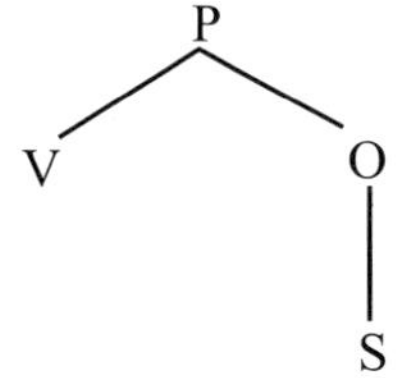

因为只有一个格的成分，那就必然是主语。上下文决定在插入句前要加补充成分 that。

通过主语的复制，从 75 引出 76。

75.

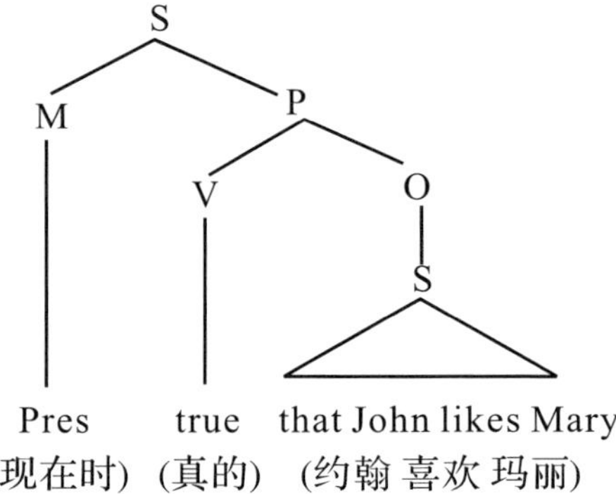

76.

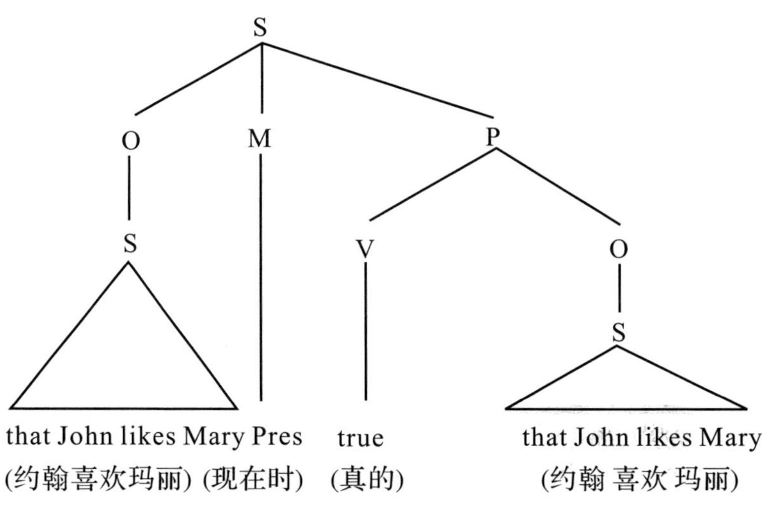

76 的结构或者删除第二个复制成分，产生 77；或者用替代成分替代第一个复制成分，产生 78。

77.

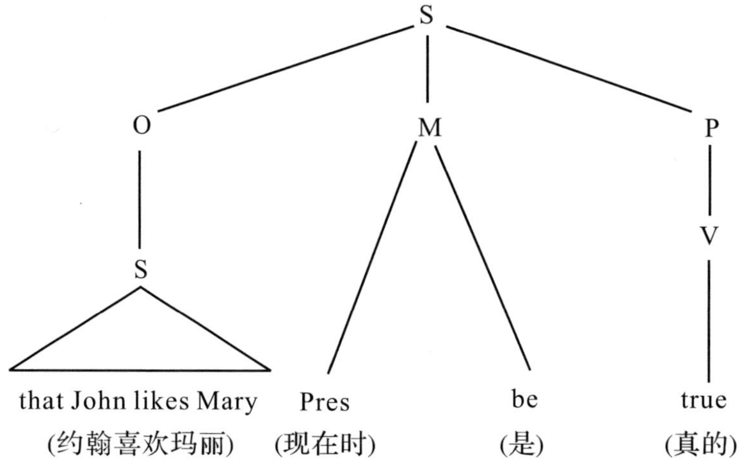

78.

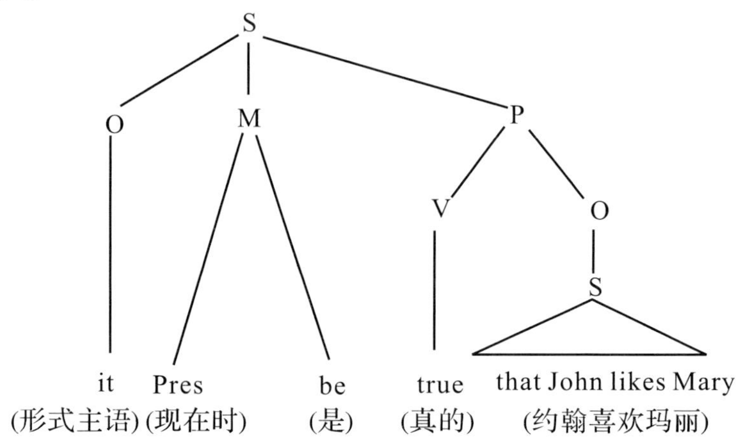

表示气象情况的动词的框架特征是+[______L]。在这种框架中选择 hot(热),可以构成其深层结构如 79 所示的句子。用主语复制的办法,可以从 79 得到 80。通过删除第二个复制成分(并删除主语前置词),80 变为 81;另一方面,如果用替代成分(在这种上下文中是 it)替代第一个复制成分则得出句子 82[46]。

79.

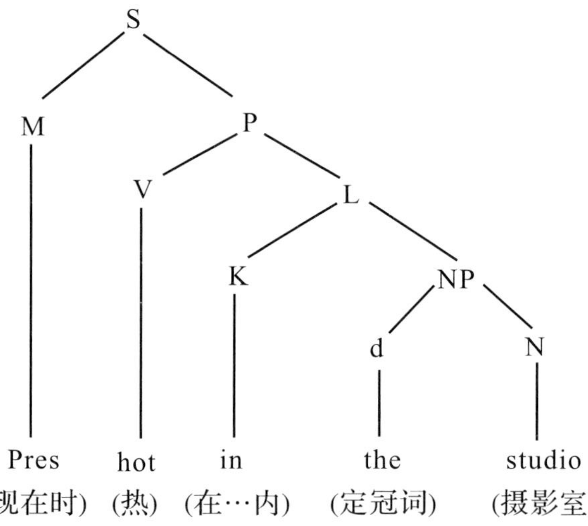

80.

S
L
M
P
K
NP
V
L
d
N
K
NP
d
N
in
the
studio
Pres
hot
in
the
studio
(在…内)(定冠词)(摄影室)(现在时)(热)(在…内)(定冠词) (摄影室)

81.

S
NP
M
P
d
N
V
the
studio
is
hot
(定冠词)
(摄影室)
(是)
(热的)

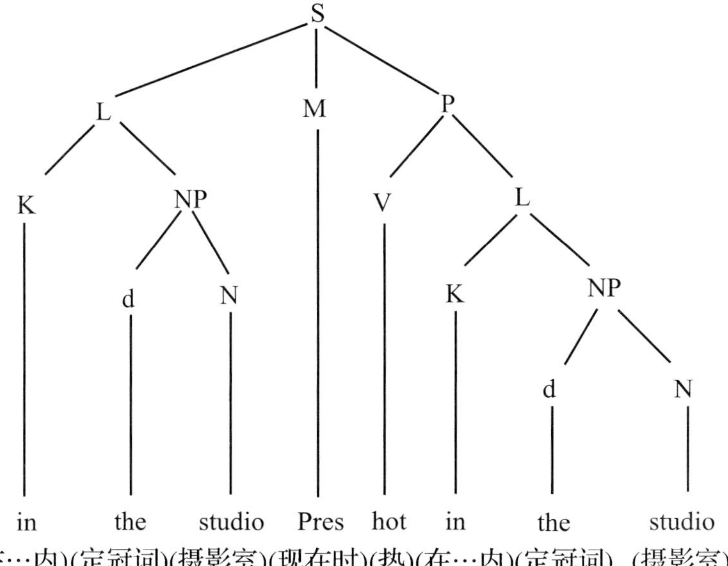

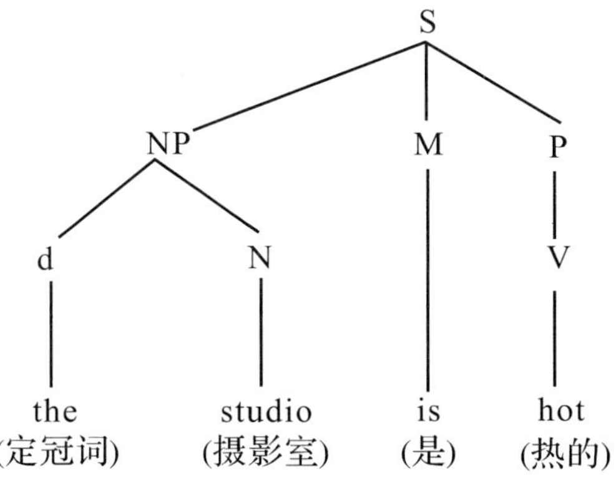

82.

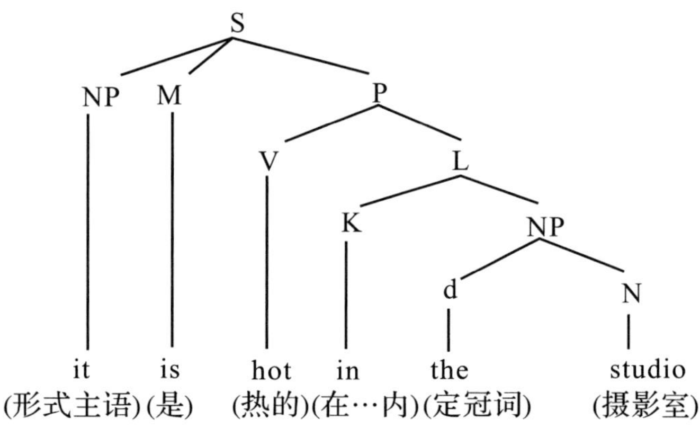

在某些情况下，L 的第一复制成分可以用 there 来替代。格的框架[______O+L]可以填入一个空白动词（也就是“零”）。这种（无动词句）情况要求在 M 部分引入 be，我们早已看到，当动词是形容词时，以及动词加上[+passive（被动）]特征和原来已有所不同时，这样的手续都是必需的。就[______O+L]一类的无动词句而言，“常规”的主语选择是 O。这样，我们从 83 得到 84，最终得到 85。

83.

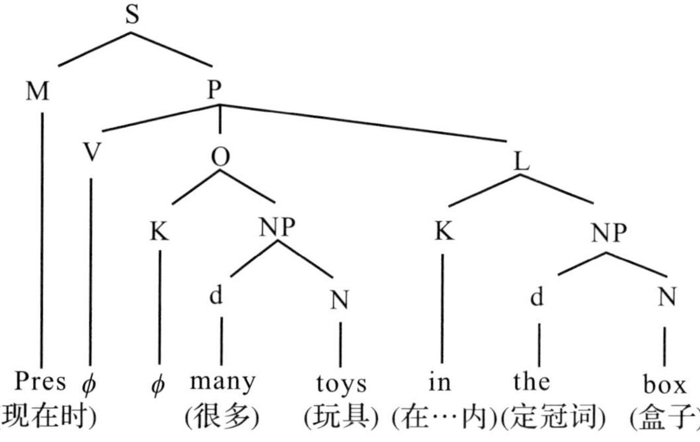

84.

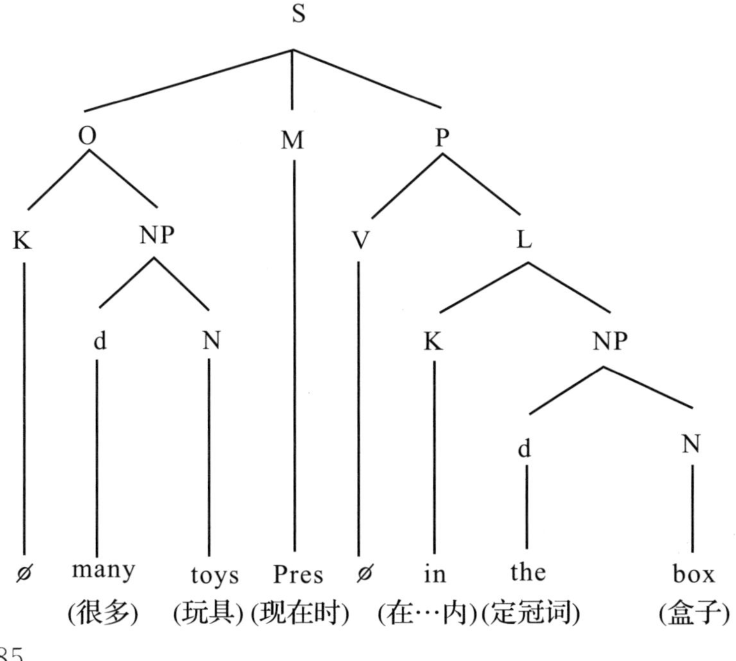

85.

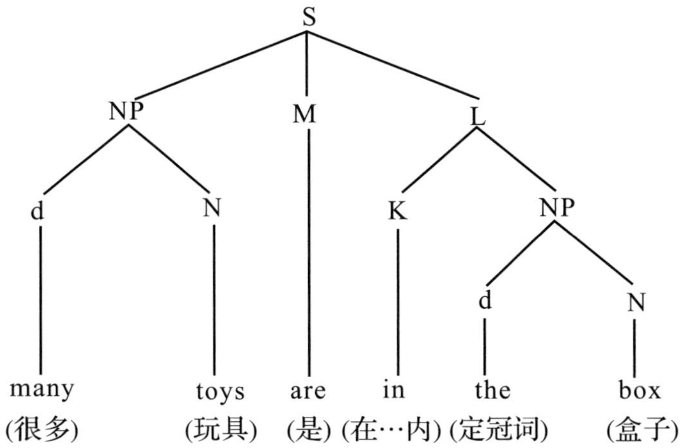

S
NP　M　L
d　N　K　NP
d　N
many　toys　are　in　the　box
(很多)　(玩具)　(是)　(在…内)　(定冠词)　(盒子)

主语选择的另一种方式是通过主语复制选用 L。那样，我们从 83 可以得到 86。

86.

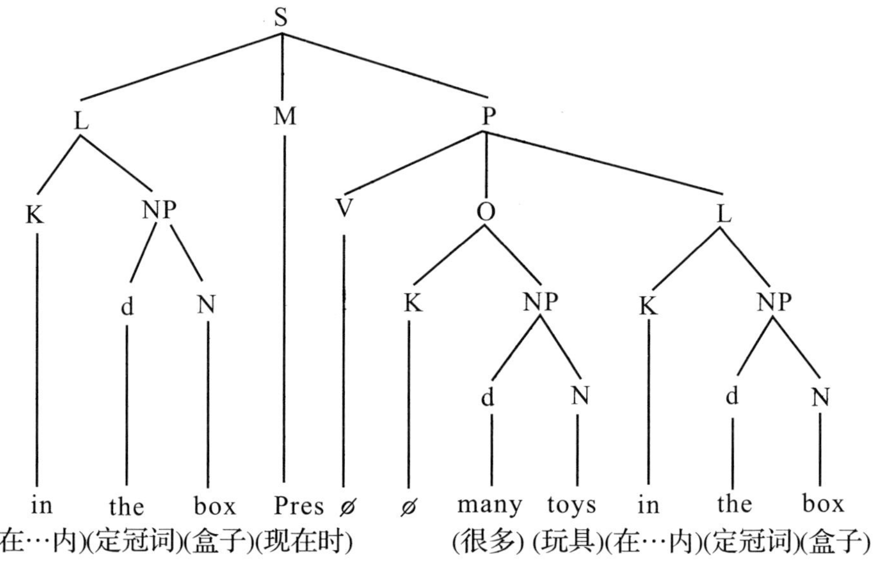

在无动词句中L的替代成分是形式成分(轻读的)there。用替代成分替换主语L来修正86的结果是87;如注45所提出的把L的第二复制成分外移的手续在87中已照办。

87.

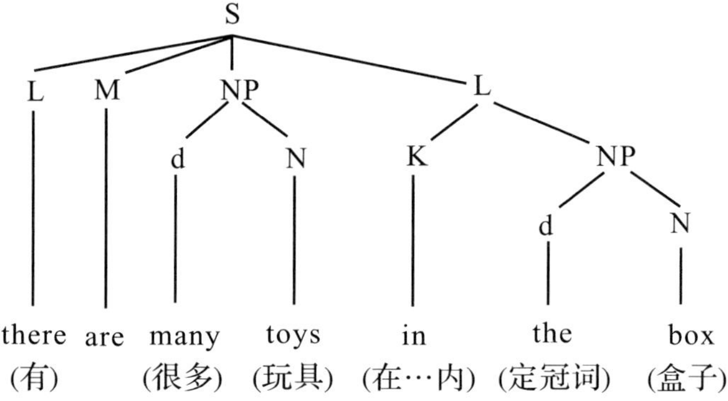

不用形式成分 there 去替换 L 的第一复制成分的另一种办法是把 L 的 NP 保留下来作为主语。决定这样做就要求重复的 NP 进行常规的代名词化。另外，这样就要求修正动词：一直空着的位置 V 要填入功能动词 have[47]。因为 have 是一个动词，能吸收时，这就使得没有必要在 M 部分加 be。选择第一个 L 作主语，通过删除主语前置词，插入 have，删除宾语前置词，重复的 NP 代名词化，加上时态词缀，结果就得出 88。

88.

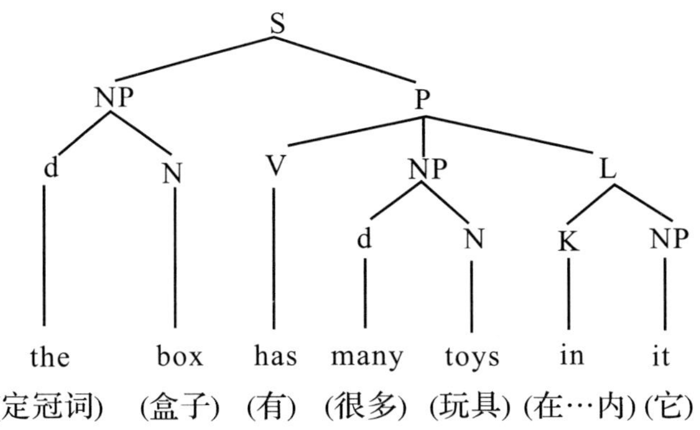

我对动词 have 所持的总的立场是，在无动词句中（也就是当有成分 V 但是没有具体的词汇项时），只要主语不是从 O 格中来的 NP，就强制插入 have。最明显不过的例子是在框架[______O+D]中的虚动词，在英语中这种上下文要求 D 用作主语，结果就是典型的 have 句。其他语言，如法语，似乎有些上下文中主语的选择可以是这个，也可以是那个——在这种情况下，X a（有）Y 和 Yest à（属于）X 彼此只是一种不同的说法而已。还有一些语言，如爱沙尼亚语，不存在任何相当于动词 have 的成分[48]。

某些语言有主语化手续；另外，如我就英语提出的意见，似乎还有类似的宾语化手续，其在表层的结果是使某一名词成分和动词结合得更紧密。

叶斯柏森已经注意到了直接宾语所具有的形式上的性质而不是纯粹概念上的性质。他举的例子（1924，p. 162）如 89 和 90，说明在一种语言内部的不同说法，而 91 和 92 则说明跨语言的差别。

89. present something to a person（把某种东西送给某人）
90. present a person with something（送某人某种东西）
91. furnish someone with something（给某人提供某种东西）
92. fournir quelque chose à quelqu'un（提供某种东西给某人）

当霍尔研究这类现象时，她认为一种形式是基本的，另一种形式是派生的。根据她的分析，只是在没有“深层主语”的情况下才可能有“派生主语”；另一方面，“派生宾语”产生的结果是替代了原来深层结构中的宾语并在其前加 with。她举的例子包括 93—94 和 95—96。

93. John smeared paint on the wall.（约翰在墙上涂颜料。）
94. John smeared the wall with paint.（约翰用颜料涂墙。）
95. John planted peas and corn in his graden.（约翰在园子

里种豆和玉米。)

96. John planted his garden with peas and corn.(约翰用豆和玉米种他的园子。)

霍尔规定一些规则,用一种转换办法把处所成分(例93和95的the wall"墙"或his garden"他的园子")移入直接宾语的位置,并在以前的直接宾语前面加上with。

根据本文的观点,也可以同样毫不费事地说,on the wall(在墙上)和with paint(用颜料)一开始都是带前置词的(作为L和I格的成分),而动词smear(涂)的特性是不论选择这些成分中的哪一个作为"直接宾语"都要求必须紧跟在它后面,并且失去其前置词。(在其他一些语言中,这一手续可以表达为把原来规定的某一种格变为"宾格"。)[49]

在发生主语化的场合,底层的格的区别,中和为单一的形式,通常称为"主格"。在发生宾语化的场合,格的区别中和为单一的形式,在和主语的规定形式有区别的情况下,传统上称为"宾格"。取消深层结构中格的区别的第三种手续是把句子改成名词短语。在名词化转换过程中格的变化通常牵涉到所谓"属格"。

上文简单地提到在格的范畴O中嵌入一个S的情况,提出了格的语法处理动词和形容词补语的方式。另一类内嵌句的来源是在NP本身内部。NP的规则可以规定为97。

97. NP→N(S)

其中 N 是一个普遍的词汇成分，附加的 S 包括同一 N 的一个互参的复制成分，其结果是一个 NP，其中包括一个受关系分句修饰的名词。“属格”的最明显的来源之一是这样一类关系分句，原句本身的形式是 X has(有)Y。在修正了的 NP 中的 N 就是附加句中的 D 所包含的 N，而 V 则是虚的。这样，我们删除重复的名词、时态和“虚”动词，把 D 再下属到占支配地位的 NP 下，就从 98 得出 99。

98.

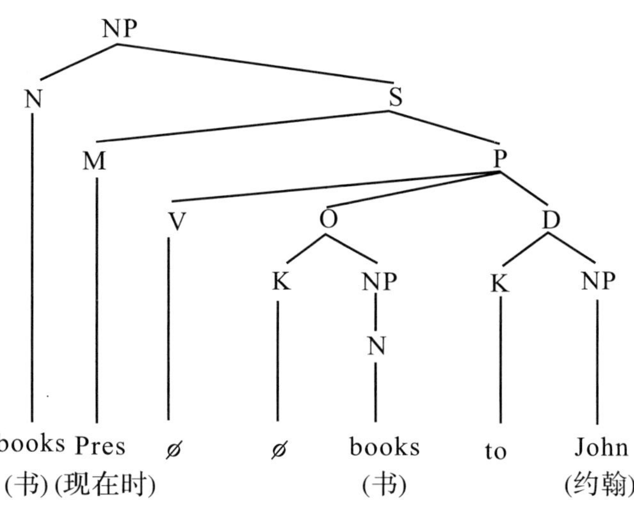

99.

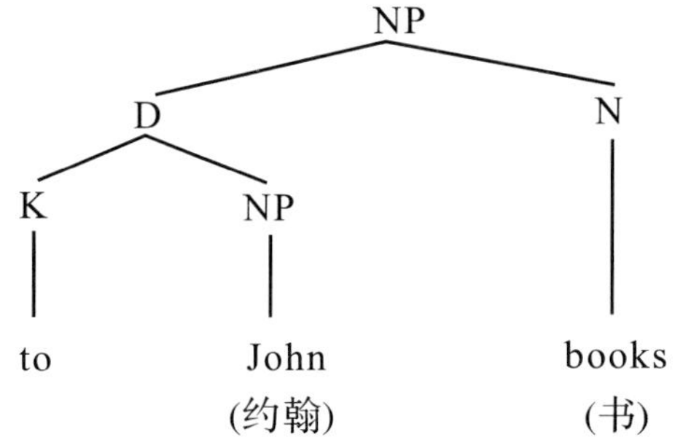

NP 下联的 D 要改变其格的标记，在这里要改变成一个咝音后缀。请注意 100。

100.

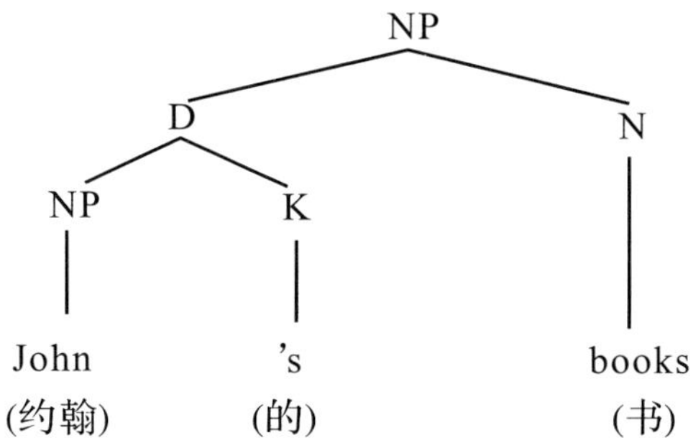

“真正的属格”结构——在英语中其结果或者是 X's Y 或者是 Y of X 这种形式的 NP——其来源是一句本来会是 X has（有）Y 的句子。在某些语言中有些附加于名词的 D 不改变为“属格”（dem Vater sein Haus[属于他父亲的房子]“表领有的与格”），这一现象支持了那种认为变为属格是表层结构的事情的观点。

我认为关于从动词变来的名词最令人满意的解释是，那些纯粹是能产型的情况除外，从动词派生名词是一种历史现象而不是共时现象。要说明共时的实际情况，就要说明某一个特定的名词和某一个特定的动词（或一类动词）有一种特殊关系，还要说明其中某些名词可以出现在 NP 框架[______S]中，另外一些名词则必须出现在这样的框架中。

这就是说，不必规定一种共时的手续，从有关的动词派生出像拉丁语 amor（爱）这样的词，而只要在分类时把这样一个词列为

和动词 amo(爱)有某种特殊关系的抽象名词[50]。和特定的动词有特殊关系的名词能参与一种转换手续，这种手续把“原来”从属于有关动词的成分引入 NP。这种手续的作用经常是把次级 NP 的形式转变为属格[51]。据此，当名词 amor(爱)受 deus amat(上帝爱)... 这种形式的句子修饰时，得出 amor dei(上帝的爱)；而当受 deum amat(爱上帝)... 这种形式的句子修饰时，其结果还是 amor dei(对上帝的爱)。换言之，D 和 O 的形式同样缩减为属格，而如果牵涉到的只有一个名词，结果就产生了可能的歧义现象[52]。

四　关于语言类型学的几点意见

正在形成的普遍语法的观点大致如下：在深层结构中，一切语言的句子的命题核心包括一个 V 和一个或更多的 NP，每一个 NP 各自和 P（因此也和 V）有各自的格的关系。各种语言之间最直接的深层结构的共同点应该在这“最深”层次中去探求。

动词的词汇插入规则取决于 P 的特定的格的安排。由于不需要区分“严格的次范畴特征”和至少是最高层次的“逻辑特征”（因为在格和某些词汇特征之间存在着多余信息关系，也因为在“VP”以外的主语的特征不需要单独进行处理），动词的词汇插入规则可以是一种严格的局部转换手续，仅仅对作为 V 的同现成分的格作出反应（例外的情况如前所述，那就是应该知道 O 成分是一个 NP 还是一个 S）。

根据本文的论点所形成的类型学分类标准如下：

1. 由深层格的范畴来决定要不要对 NP 进行加工

(1)加工性质（加前置词、词缀或其他）

(2)选择特定的格的形式的条件（这些条件如果用最简单的方式加以叙述，就构成通常所说的该语言的“格的体系”）

2. 要不要对动词进行配合加工

(1)配合的性质（数的一致，加进格的范畴的“语迹”，动词的

特征变化）

（2）和主语选择的关系（主题化）

3. 照应手续的性质

（1）手续类型（用替代成分来替换，删除，减脱重音，用非重读变体来替换，其他）

（2）运用条件

4. 主题化手续（其中“主语选择”可以视为一种特殊情况的主题化）

（1）形式上的手续（提前，改变格的形式，其他）

（2）同一语言中各种不同的主题化手续

5. 词序方面的可能性

（1）决定“中性”词序的因素（格的范畴的性质，各类名词的等级排列，主题选择，其他）

（2）决定或制约词序方面风格变体的条件。

重要的一点是要理解到所有这些类型标准是以表层手续为依据的，并且没有什么特别有力的根据可以先验地相信，用这些不同的标准来对全世界的各种语言进行分类，在方法上会有很多一致之处。

（一）决定格的形式的基础

在P中的NP的形式是在各种不同因素的基础上决定的，其中一个因素就是NP的格的范畴。据此，I项下的NP（即工具名词）就完全或部分地根据其隶于I项下这一事实而赋予某种特定形式。

NP 的表层格的形式在人称代名词方面变得最为复杂。对代名词体系的“格”的现象进行研究可以揭示深层的格和表层的格之间可能存在的各种不同关系的大量问题。

萨丕尔关于美洲印第安语代名词体系的类型区别（Sapir，1917b）用格的语法的观点来表达会相当简单。如果我们略去在“被动”结构中可能存在的任何复杂情况，再者，如果我们略去 A 和 O 以外的所有深层结构的格，那么我们就可以设想在底层以命题形式出现的下列三种类型的句子：

(1)V+A　　带行为“主语”的不及物句

(2)V+O+A　　带施事的及物句

(3)V+O　　带非行为“主语”的不及物句

因为在公式中 V 是常数，所以我们可以用如下方式把格的框架写成三行来表示这三类句子：

101.
```
   A
O     A
   O
```

然后根据萨丕尔所说的，有些语言诸如雅纳语（Yana），在所有这四种位置上代名词只有一种形式。

102.

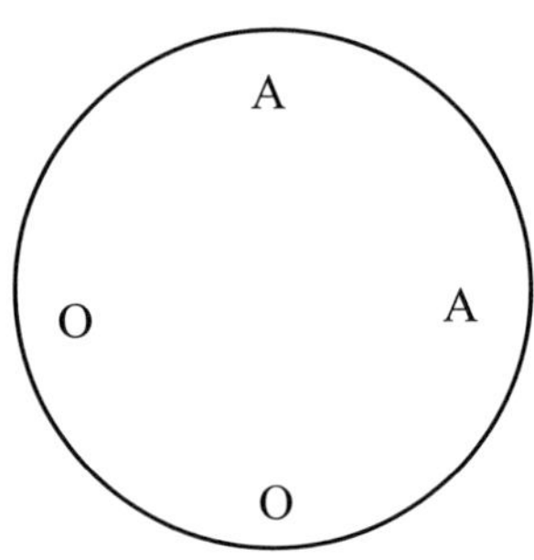

有些语言，如派由特语(Paiute)，在及物句中O成分有另外一种形式，其余的都一个样。这两种形式传统上称为“主格”和“宾格”。

103.

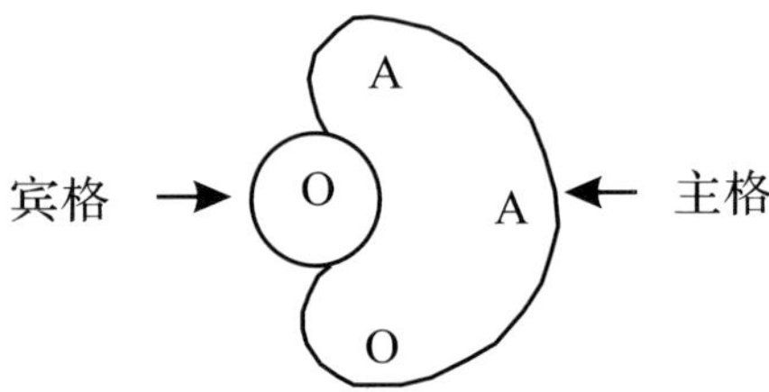

有些语言，如齐奴克语(Chinook)，及物句中的A一种形式，其余的格另一种形式。这种区别经常用“作格”和“主格”这样的术语来称呼。

104.

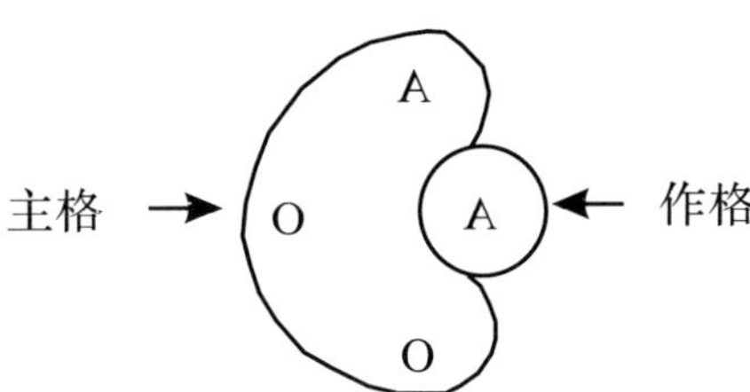

有些语言，如达科他语（Dakota），A 和 O 各有单独的形式；这里常用的术语是“行为格”和“非行为格”。

105.

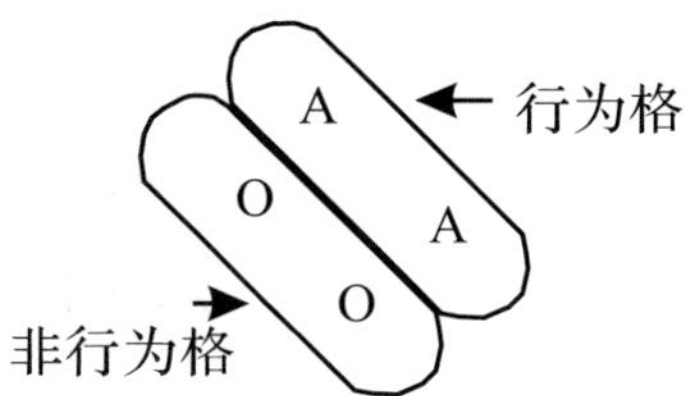

最后，塔克尔玛语（Takelma）中的情况是，不及物句中的代名词 NP 一种形式，而及物句中的 A 和 O 各有一种形式。因而是：

106.

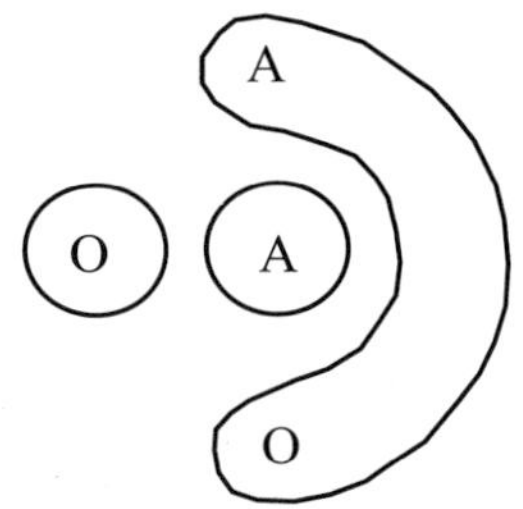

引用这些资料仅仅是想说，如果我对萨丕尔关于这些语言的代名词体系的分析理解得正确的话，那么我在探讨的这些格的概念，连同这些格的概念的不同安排所决定的分句类型的设想，为确定这些语言中所发现的表层区别提供了范畴分类和图式分析方面的知识。

（二）动词的一致关系

在确定 P 内部的 NP 的格的形式的过程中，牵涉到格和格的环境的不同方式就有这么一些，可能还比这些更多。一个额外的因素是要看这个 NP 是否在有主语化手续的语言中被选作主语。主语或主题的选择和句子表层结构的另一方面有关，那就是动词的一致关系。

在英语中，主语的选择总要起确定数的一致的作用(对那些能反映数的一致的动词和助动词成分而言)。除了数的一致以外，主语的选择还牵涉到把动词变成被动式，或是引入动词 have。

"录入"V 中的信息可能只是和主语的选择有关，如英语，或者更为复杂。有些语言把代名词词缀"并入"V，可以一次并进好几个 NP；或者是，某些特定的格的名词词干本身可以并入动词词组[53]。

已经讨论过的英语的主语选择规则可以拿来和描写过的菲律宾语言的主题化手续进行比较。麦克考安(McKaughan)最近描写了马拉瑙语(Maranao)的情况。每一个句子选择一个 NP 作为主题，用下列方式把这一选择记录下来：用 so 来代替选作主题的 NP 原来表示格的前置词，在 V 中插入一个词缀，表明选作主题的 NP 的格的范畴。在选择主题时显然有很大的自由。拿意思是“屠宰”的动词(/sombaliʔ/)为例，我们发现，如果主题名词原来是 I，动词加前缀/i-/，如例 108 所示；如果主题原来是 B，V 加后缀/-an/，如例 109 所示。

107. somombaliʔso mamaʔsa karabao.（那人宰了水牛。）

108. isombaliʔo mamaʔso gelat ko karabao.（那人宰水牛。）

109. sombaliʔan o mamaʔso major sa karabao.（那人是为市长宰水牛。）[54]

从特定的格来选择句子的主语或“主题”，这种情况看来最能令人满意地说明为什么在印欧语中有这么多类的动词语态的变化，诸如称为中间语态、假反身语态等等的语态。

（三）照应手续

照应手续从一种扩大了的句子连接概念的观点来理解最为透彻。这就是说，每一种语言都有各种简化由并列连词和从属连词连接起来的句子的办法，而在这种条件下使用的手续似乎和在说话中连接句子时使用的手续完全相同。因此，语法学家的任务就是要按这些手续在单独可以理解的句子中使用时那样来描写这些手续，然后再假定，在连续的文章或会话中的话语，如果说话的人和听话的人对这种语言的照应手续有共同的知识，就能理解得最确切[55]。因此，在这些照应和缩减形式中，英语使用替代成分，而在同样的条件下，另外某种语言则用删除法，这种情况可以看成是这两种语言之间表层的不同之点。

这一点是很重要的——这在前面谈到否认主/谓划分普遍性理由“不充足”时已经提到过——因为很多学者认为在某些语言中句子的最终表层形式中没有主语这一点具有重大的类型学意义。在有人身标记插入法(例如齐奴克语)的语言中，NP 组成成分可有可无，这使学者们认为，这些语言缺乏欧洲人所理解的“主语”和“宾语”这样一些核位(nexus)关系，取而代之的是所谓 NP 和 V 之间的“同位”关系(参见 Sommerfelt，1937)。在没有代名词插入法的语言中，有些学者区分出真正的主/谓语言和另外一些语言，在这后一些语言中所谓的“主语”只是 V 的“补语”，和直接宾语或各种不同的状语成分中的任何一种成分相同。马蒂内(Martinet)认为，主语之不同于补语仅在于主语是“在最小的话语中必需的成分”(1962a. pp. 61—62)——这就是说，仅在于主语强制性地出现在完整的或用照应成分缩减了的话语中。在日语中，“最小的话语”没有主语，因此，推论说，日语句子没有我们更为熟悉的那些语言中的主/谓结构。对马蒂内的弟子圣雅克来说，日语的这种类型“现象”被看成是特别重要的。要理解日语的真正特性，需要摆脱西方人关于语言的通常思路，而要做到这一点就必须在思想上付出巨大的努力。圣雅克大致是这么告诉我们的(Saint-Jacques，1966，p. 36)。依我看来，语言类型学已经提供了够多的真正令人感到兴奋的例子，这就使我们有可能对上面这个例子割爱。圣雅克先生谈到的这种思想上的成就就是得知：当碰

到一个“省略了的”NP时,某些人用一个代名词来代替,另外一些人则不用了事。

（四）主题化

第四个标准牵涉到主题化手续,也就是把一个句子中的某一个成分孤立出来作为“主题”的办法。使一个句子的一个特定的成分处于某种“焦点”地位。在主题化和“强调”某个成分的手续不同的情况下,我们就看到和我前此一直称之为“主语化”的手续相同的现象,但是从现在开始我将称“主语化”为“首级主题化”。英语的首级主题化包括特定的位置和数的一致;牵涉到重音分布的风格上的变化,事后的词序变换,以及可能采取的“分裂句结构”,这些都属于可以称之为“次级主题化”的范围。根据我对麦克考安的描写(1962,p.47)的理解,马拉瑙语的首级主题化牵涉到用so来代替原来和名词联系在一起的前置词,在V中引入有关的格的指示成分,而次级主题化则牵涉到把加了so的NP挪到句首。有人可能会提到奥特尔(Oertel)关于婆罗门散文的格的分裂用法的研究是一种关于次级主题化的研究[56]。我设想,所有的语言都有实现“次级主题化”的某种办法,但是可能某些语言没有“首级主题化”(“主语化”)的手续[57]。

只是在某种语言中有主语可供选择的句子时,“主语化”的概念才是有用的。有的语言,据描写没有被动式,或者有的语言,据描写及物句只能用被动式来表达,这样的语言显然没有首级主题化的手续。

这个问题很自然引导到所谓“作格”语言的问题。回顾一下代名词体系中的宾格类型，其模式是：

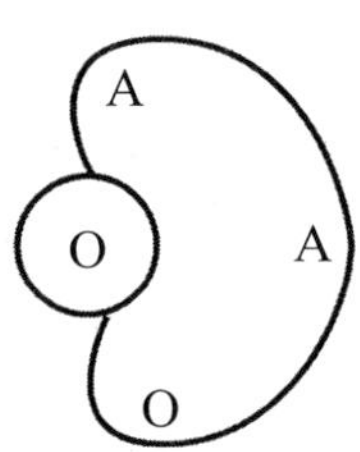

其作格类型模式是：

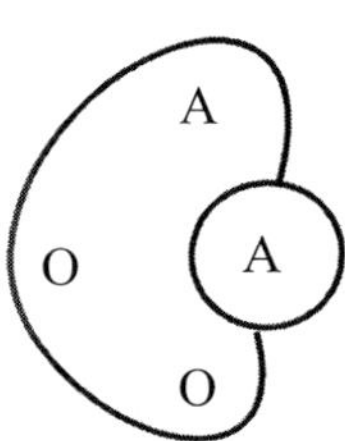

当宾格型语言命题形式是[VOA]的句子有被动句的时候，和被动句中的成分相联系的格的形式一般是O用“主格”，A用“施事格”（体现为离格、工具格或视具体语言而定的其他形式）。如果在我们的三行式图表中引入被动句，取消主动句，可以得出如下模式：

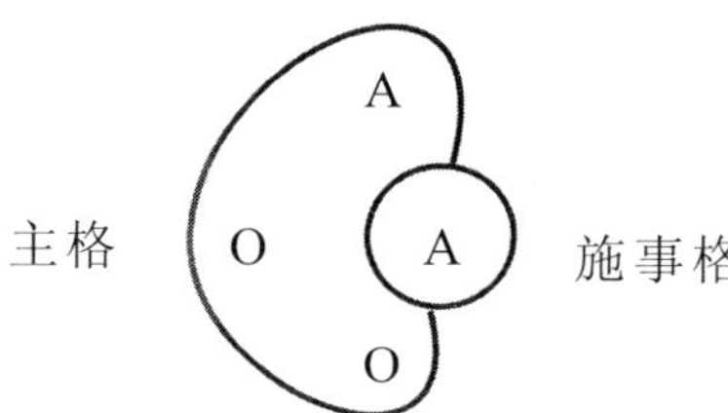

这和作格语言中格的正规分配模式完全相同。这种情况，加上使用“主格”这一术语来称呼这些语言中的“不及物句主语兼及物句宾语”，使很多学者把作格语言中的作格和宾格语言被动句中的施事格形式等同起来，并得出结论，作格语言实际上是“被动”语言，其中的及物句只能用被动式来表达[58]。就这两种体系而言，称为“主格”的这个格经常在主/谓结构中描写成“主语”，而在一种体系中的“作格”成分和另一体系中的“宾格”成分被处理为动词的补语（参阅 Trubetzkoy，1939）。马蒂内（1962b，p. 78 以次）描述过确定作格语言中“主语”的困难：有些学者把一个句子译成法语后会是主语的那个词确定为主语，那就是在不及物句中的主格名词和在及物句中的作格名词。另外一些学者则把所有句子中的主格名词看作主语，因而把及物句解释为“被动”句。拉丰（Lafon）宣告对及物句无法处理——他使用“主语”这一术语只限于不及物句，说及物句没有主语。

另一方面，瓦扬谈到北高加索诸语言有三种类型的动词：1. 真正的不及物动词，主语用“主格”；2.“操作性假及物动词（operative pseudotransitive）”，“假主语”用作格；3.“情感性（affective）假及物动词”，“假主语”用“与格”（Vaillant，1936，p. 93）。看来很清楚，他谈的是 P 属于下列三种类型的句子：[VO]，[VOA]，[VOD]，其中 O，A 和 D 的表层的格分别为“主格”，“作格”和“与格”。看来要说的就是这么些。就我而言，我还是要说作格语言没有主语化手续，而不想说所有的及物句必须变为被动句，或者说其中某些句子有真正的主语而有些句子没有。

经常有人说作格语言比宾格语言原始(参阅 Tesnière,1959,p. 112),再加上假定作格结构实际上是一种被动结构,这种意见使诸如库里沃维奇、舒哈特(Schuchardt)和乌伦贝克(Uhlenbeck)这样一些学者认为,被动结构在语言发展史上代表一种比主动及物结构更为原始的概念。为了证明这种观点而搜罗的证据包括表明前印欧语属于作格语言的一些迹象,以及某些语言直到相对来说是近代时期才“发明”像 have(助动词“有”)那样的动词这一事实。在从被动方式变为主动方式的总的变化趋势中,有些时或体的形式仍然没有受到影响,而发明了 have 才有可能赋予这些形式以主动表达方式。例如范·金奈肯举的例子:在三世纪前后从 inimicus mihi occisus est“我[与格]敌人被杀死了”和 mihi illud factum est“我[与格]做了这件事情”这种类型的表达方式,通过使用 habeo(助动词/有)而转变为及物表达方式:inimicum occisum habeo“我杀死了敌人”和 habeo illud factum“我做了这件事情”(van Ginneken,1939,p. 86)。

根据我们目前的知识水平所了解的这类句法变化真正能够说明从主要是被动的观点过渡到主要是主动的观点是一种具有潜在的重大意义的思想发展过程,不管怎样去理解这种重要意义,依我看来是很不大可能的。范·金奈肯认为,在作格跟说作格语言的“女性”文化性质之间存在着联系,这是另一个值得怀疑的问题[59]。

（五）词序方面的差别

我们提出的语言类型学的第五个标准是词序标准。决定世界上各种语言的词序或制约其自由变动的变项很可能和句子的格的结构有很多重要联系；但是这是我完全没有研究过的领域。

五　不可分割领属关系的语法

前面几节包括语言的一种句法模式的非形式(informal)描写,还举了几个例子来说明如何运用这已称为“再分析语言学(re-statement linguistics)”的模式。在本节中我将试图说明,对这些规则进行特定的实质性的修正怎样就可以用一致的方式来描写同所谓“不可分割的领属关系”有关的一批令人感兴趣的语法现象。

我们可以肯定,每一种语言都有一些表示内在关系的概念的名词。在英语中,内在关系名词的例子是 side“边”,daughter“女儿”和 face“脸”。我们不说“一个边”,而说什么东西的“一个边”;我们不说某人是“女儿”,而只说她是某人的“女儿”;虽然可以说“看到一张脸”,但是这个词的典型用法是提到“他的脸”或者“你的脸”等等。在语言学文献中最经常讨论的关系名词是身体各部分的名称和亲属称谓。我在这里将集中讨论身体各部分的名称。

(一)资料

1. 在所有印欧语系语言中与格和属格之间存在着有意义的句法关系;据哈弗斯(Havers,1911,p. 317)说,除了亚美尼亚语以外，所有语言的与格和属格的形式处于一种同义异词（paraphrase）的关系中，而且这种关系在不同语言之间是高度类似的。只是当有关的名词属于特定的类型时才能看到这种关系。举几个哈弗斯举的现代德语的例子，我们可以看到例 111 和例 112 之间存在着同义异词的关系，例 113 和例 114 之间的关系也一样；但是例 115 和例 116 这两句，后面这一句（作为例 115 的同义异词句）是不合语法的。

111. [1]Die Kugel durchbohrte dem Feind das Herz.（子弹穿过了敌人[与格]的心脏。）

112. Die Kugel durchbohrte das Herz des Feindes.（子弹穿过了敌人的[属格]心脏。）

113. Er hat mir die Hand verwundet.（他打伤了我[与格]的手。）

114. Er hat meine Hand verwundet.（他打伤了我的[属格]手。）

115. Der Vater baute seinem Sohn ein Haus.（爸爸为儿子盖了一所房子。）

116. * Der Vater baute ein Haus seines Sohnes.（* 爸爸盖了一所儿子的房子。）

应该注意到 Herz（心）和 Hand（手）是身体各部分的名称而

① 原文如此。前无例 110。

Haus(房子)不是。

2. 有些情况像上面的例子那样,某种特定的语言内部表现出有这种同义异词的关系,还有一些情况是,一种语言选用与格表达方式,另一种语言用属格。请注意下列同样引自哈弗斯的例子(1911,p. 1)。

117. My heart aches:Mir blutet das Herz.(我心疼。)

118. Tom's cheeks burned:Tom brannten die Wangen.(汤姆脸发烧。)

119. She fell on her mother's neck:Sie fiel ihrer Mutter um den Hals.(她搂住她妈妈的脖子。)

3. 与格结构有名词附加语(属格)用法,这种用法特别出现在被领有的成分已经用了属格代名词的场合。这方面最容易找到的例子是亲属称谓方面的(1911,p. 283)。

120. Dem Kerl seine Mutter([对这人]他的妈妈)

121. Sa mère àlui(他的妈妈[对他而言])

4. 很多语言对于强制性(不可分割)的名词和随意性(可以分割)的名词各用不同的属格词缀。斐济语(Fiji)在这方面的区别很明显是通过这种办法来表示的:在前面加属格语素表示可以分割的领属关系,在后面加属格语素表示不可分割的领属关系。因为"不可分割"的范畴是一个语法范畴而不是一种客观世界事物的性质(换言之,因为某些在语法上列为“不可分割”的事物事实上是可以和它们的“领有者”分割开的),所以,如果两种表达方式可以用于同一名词词干,那么这种区别就显得最清楚不过了。列维—布鲁尔举了一个关于这种情况的令人信服的例子(Lévy-Bruhl,1916,p. 99):斐济语 uluqu 的意思是目前牢牢地长在我脖子上的头,而 kequ ulu,也可以译成“我的头”,却是指,例如,我要吃的头。

有些语言会用不同的语素来表示可以分割的和不可分割的领属关系,并且还会根据不可分割的领属关系的类型进一步区分这些语素(例如努特卡语[Nootka]用后缀-ˀat-加在名词上表示肉体上不可分割的部分,如身体各部分,而用其他办法表示亲属称谓),或者只有一类不能作为自由形式出现的名词,也就是名词词干,需要附加上表示领属关系的指示成分[60]。

在所有这些场合,看来有关的特征是“语法特征”,而不纯粹是“概念特征”。讨论不可分割的领属关系的文章几乎总要包括一批名词的清单,这些名词在语法上的分类恰恰和我们从概念出发去推测的分类相反。列维—布鲁尔(1916,p. 96)提到一种情况,“左手”在语法上当作身体各部分的词来用,而表示“手”的这个词却不是。还有,阿拉巴荷语(Arapaho)把“虱子”(或“跳蚤”)列为不可分割的(Salzmann,1965,p. 139),这种情况会使喜欢在这些事情上发议论的人对阿拉巴荷人关于“自己”的概念这个问题上提出这样那样的看法。

5. 米尔卡·伊维齐最近讨论了很多她称为“不可省略的限定成分”的例子(Milka Ivič,1962,1964)。在她所引的例子中有很多是经常包括在不可分割的名词这一类中的名词。例如，在例 122 塞尔维亚-克罗地亚语的词组中不能去掉形容词，因为例 123 是不合语法的(1964，p. 477)。

122. devojka crnih očiju(有黑眼睛的姑娘)

123. * devojka očiju(* 有眼睛的姑娘)

依我看来，她的论点使人得出错误结论的地方在于决定把形容词和“不可省略范畴”联系起来。这如同我们想说，就英语例 124 而言，missing(丢失)这个词在语法上是具有某种意义的，因为省略了这个词，结果就成了例 125，而后一句和原句在类型上是有些不同的；换一种说法，例 124 和例 125 说的不是一回事。例 124 真正重要的地方是可以改说成例 127(或例 128)，以及例 124 所显示的结构限于某些类别的名词。请注意例 129 是不合语法的。

124. I have a missing tooth.[①](我掉了一个牙。)

125. I have a tooth.(我有一个牙。)

126. I have a tooth and it is missing.(我有一个牙，这个牙掉了。)

---

① miss(丢失)这个动词的特点是按习惯不用过去分词 missed，而用现在分词 missing 来表示“结果”，因为“正在丢失”是没有实际意义的。菲尔墨的分析比较细致，请读者细读这些例子。下文 6. 中用 me 转述 I，是由于前者单用，这都牵涉到英语的一些“习惯用法”。

127. My tooth is missing.(我的一个牙掉了。)

128. One of my teeth is missing.(我一个牙掉了。)

129. * I have a missing five-dollar bill.(* 我有一张丢了的五块钱票子。)

6. 请注意,在例 124 和例 127 中牵涉到三件事:(1)一个领有者(用传统的术语来说是"有关的人"),(2)身体的一部分,(3)一种属性——分别为(1)me"我",(2)tooth"牙",(3)missing"掉了的"——还有一点,这两个例句用不同的办法把某种属性加到领有者的身体的一部分上。要表示这两种概念之间的同样的关系,有两种不同的表面的办法。

用 P,B,A 来代表上面的 1,2,3,我们就可以把例 124 的表达方式用 130 来表示,例 127 用 131 来表示。

130. P^{nom} have[A ⟶ B^{acc}]

131. [P^{gen} ⟶ B]be A①

换言之,同一成分,在上述某些说法中或以与格形式出现,或以属格形式出现,现在作为动词 have 的主语出现。事实上,巴利谈到,发明 have 这个词恰恰就是要起使有关的人成为句子的主语这种功能,否则只能以与格或属格形式出现。巴利举了一个第一

① 作者在这里用的缩写符号 P=Possessor(领有者),B=Body part(身体部分),A=Attribute(属性/修饰语),nom=nominative(主格),acc=accusative(宾格),gen=genitive(属格)。下文 dat=dative(与格)。

人称的领有者所有这三种表层形式的例子(Bally,1926,p. 75),如例 132—134。例 133 和 134 分别和 130 和 131 的表达类型相合;例 132 的表达类型用 135 来表示。

132. Mihi sunt capilli nigri.(我[与格][是]黑头发。)

133. J'ai les cheveux noirs.(我有黑头发。)

134. Mes cheveux sont noirs.(我的头发是黑的。)

135. P^{dat}[B^{nom} be A]

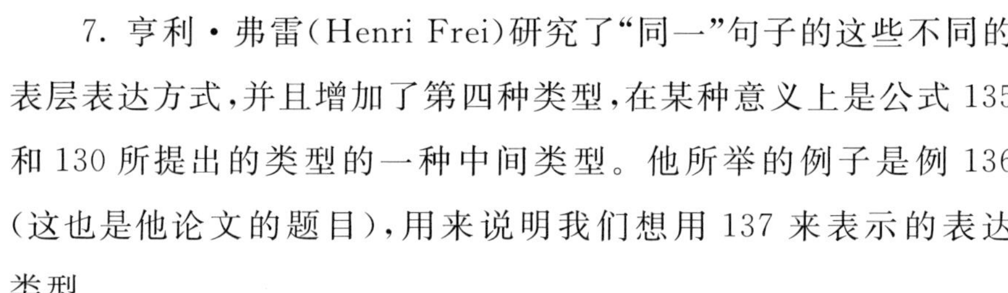

7. 亨利·弗雷(Henri Frei)研究了“同一”句子的这些不同的表层表达方式,并且增加了第四种类型,在某种意义上是公式 135 和 130 所提出的类型的一种中间类型。他所举的例子是例 136(这也是他论文的题目),用来说明我们想用 137 来表示的表达类型。

136. Sylvie est jolie des yeux.(西尔维的眼睛漂亮。)

137. P^{nom} be[A $B^{oblique}$]①

弗雷指出,136 的结构和不可分割的领属关系的范畴有关,因为例 138 和 139 是可接受的句子,而例 140 和 141 则否。

① oblique 一般译“间接格”或“副格”,这都是跟“直接格”或“正格”相对而言的,指的是主格以外的各个格。

138. Elle est fine de doigts.（她手指纤细。）

139. Elle est bien faite des jambes.（她腿长得好看。）

140. * Elle est fine d'ètoffe.（* 她在料子方面好。）①

141. * Elle est bien faite des vêtements.[61]（* 她在衣服方面长得好。）

8. 因为弗雷认为这种分歧是由于想把两种判断“压缩”成一个句子而造成的——这两种判断（用我们的话来说）是 P has B 和 B is A——他把这种有关的结构和讨论得很多的日语中的“双主语”结构联系了起来。在日语的一类双主语结构中，在一个动词或形容词前面有两个名词，第一个名词后面加助词は（表示我所说的“次级主题化”），第二个名词后面加助词が（“首级主题化”助词）。（词序变化和选用不同的助词并不改变这种结构的身份；这里描写的形式是在风格上最中性的一种。）这些名词中的第二个名词属于不可分割类型；第二个名词确定的事物对第一个名词确定的事物而言是“不可分割的”。例 142 是常引的双主语结构的例子，硬要改一种说法的话成了 143。在例 143 中，助词の是在功能上最接近我们要倾向于称之为“属格”的助词。

142. 象は鼻が長い。（象鼻子长。）

143. 象の鼻が長い。（象的鼻子长。）

① 这一句和下一句如译成“她料子好”，“她衣服样子做得好”，在汉语中就不是不通的，所以采取“硬”译的办法。

9. 在某些语义上没有根据的“反身代名词”的用法中，以及我们在这种用法和“中性态”的各种用法之间的平行现象中也看到了包含被认为是和“有关的人”密切相联系的实体的表达方式具有独特的语法特点。在某些语言中，在这些特殊情况下使用一种“与格反身代名词”，在这一事实中可以看到跟与格形式的联系。请注意例 144 和例 145。

144. Se laver les mains.（洗[自己——反身代名词]手）

145. Ich wasche mir die Hände.（我洗[我——与格]手）

巴利指出了“反身代名词”的这种用法和不可分割的领属关系之间的联系，他指出在例 146 中 jambe（腿）是不可分割的实体，而在例 147 中，jambe 这个词只能（或者，根据我的语言调查合作人所说，也可以）理解为某种无关的领属物，如一张桌子的腿。

146. Je me suis cassé la jambe.（我的腿折了。）

147. J'ai cassé ma jambe.（我折了我的腿。）

请注意，不带主有形容词的 jambe 是在语法特点上列为“强制性所有”的那个词（1936，p. 68）！

（二）用作名词附加语的与格

前面已经提到过一种引入一个名词来表示领属关系的修饰

语成分的办法：把一句本身的形式是"X has Y"的句子嵌入 NP。因为最好一句内嵌句在语义上的解释在全句的意义中起作用，所以需要用表示领属关系的内嵌句来源来解释可以分割的所有关系。换言之，如果例 148 的意义表现为例 149 的意义的一部分，我们就满意了，但是我们可以否定在例 150 和例 151 之间有这种关系。

148. I have a dog.（我有一条狗。）

149. my dog（我的狗）

150. I have a head.（我有一个头。）

151. my head（我的头）

在不可分割的所有关系的情况下，要引入一个表示领属关系的成分就需要用一种不同的办法，这种办法要反映出处于"不可分割的领属关系"的两个名词之间的关系不是（对不起，弗雷！）一种句子关系。

就我们一直在讨论的不可分割的所有关系这种类型而言——这里总是牵涉到一个有生命的或是"人称"实体——解决的办法是说某些名词强制性地带 D 补语。这可以通过在语法中增加 NP 的另一种写法，这种写法就是 152 这种规则。

152. NP ⟶ N(D)

V 的框架特征和成分 P 所提供的 V 的环境有关，同样，N 的框架特征就和强制性成分 NP 所提供的环境有关。上面提到过，带 S 补语的 N 规定的特征是+[____S]。我们现在可以增加一条，强制性带 D 补语的 N 的特点是具有特征+[____D]；而这些 N 就是表示不可分割的领属关系的名词。这种标写法就必然要求对名词进行再分类，分成一部分要求带名词附加语 D（如 son“儿子”，意思是“子息”的 child，德语意思是“丈夫”的 Mann），一部分拒绝带名词附加语 D（如 person“人”，意思是“很年轻的人”的 child，意思是“人”的 Mann）。

我们的语法现在使表示领属关系的修饰成分可以有两种来源（名词附加语 D 和某种类型的名词附加语 S），这就使得在深层结构中有了区别，而我们正需要这种区别来确定在那些有这种显性区别的语言中表示领属关系的修饰成分在形式上的区别。在要进一步区分的场合（如身体各部分和亲属称谓之间的区别），需要用来作为这种区别的根据的信息可以包括在 N 本身的词汇特征中。

因此，包含 D 的 NP 的一般图式如 153 所示。

153.

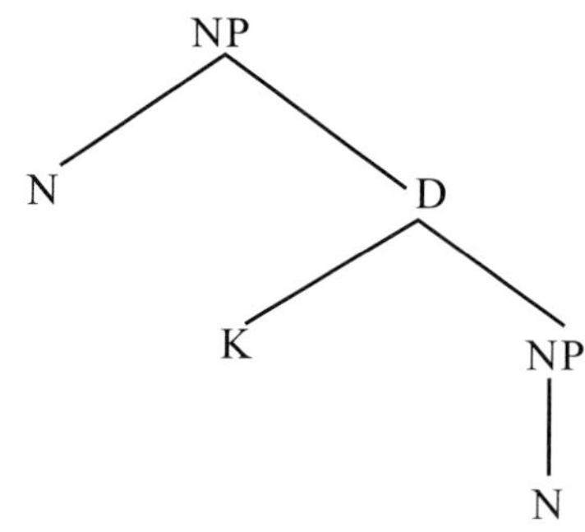

在某些情况下，作为名词附加语的 D 留在 NP 内部并且事实上保留了和 D 有关的表层特征，如例 154；但是，典型的情况是，在一个 NP 内部的 D 变为属格形式，如例 155。

154. secretary to the president（总统的秘书）

155. the president's secretary（总统的秘书）

如果限定成分（determiner）是带普遍性的[62]，那么 NP 的扩展必须对限定成分作出规定；但是如果限定成分不是带普遍性的，那么，有限定成分的语言就需要制定如波斯塔（Postal，1966）描写的那种“音段化”（segmentalization）规则。不管怎么说，限定成分（我用“d”来表示）会出现在名词附加语 D 可能发生的各种情况中。例如，有时候一个 D 留在 NP 内部而没有发生属格变化，这个 D 的某些特征复制在限定成分身上，结果这个限定成分可以采取合适的“属格形容词”的形式。这一点看来可以用来说明在某些德语方言中（请回忆例 120）和奥塞梯语中（参见 Abaev，1964，p. 18）亲属称谓用表示领属关系的与格这种格式。

（三）例释

成分 D 往往不需要留在 NP 中：在某种情况下可以从 N 的修饰成分的身份（在深层结构中 N 是这种身份），打个比方说，“提升”到句法结构上一级层次的主要成分的身份。在基础图式是[V＋L＋A]的句子中可以看到这种情况：只要 L 下面的 N 是身体的一部分，在深层结构中从属于L的D获得“提升”，成为P的一个成分，从而得出一句从表层来看属于[V+D+L+A]类型的句子。

动词pinch(拧)可以纳入格的框架[____L+A]，并且除非这个动词带上特征[+passive(被动)]，这是一个要删除后面成分的前置词的动词。让我们来考虑可以从156所示的深层结构派生出的各种句子。

156.

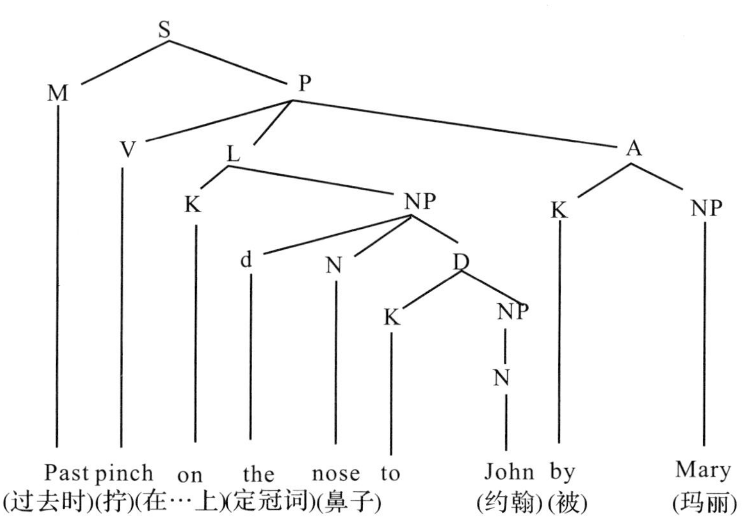

我们来看一看在四种不同条件下这个句子会发生什么变化：当D留在L内部而A成为主语；当D留在L内部而L成为主语；当D提升了而A成为主语；当D提升了而D成为主语。

只要D留在(这个句子中的)NP内部，D就加在N前面，改成属格形式，代替了原来的限定成分。因为这是一个人称名词，K成分采取属格后缀的形式。换言之，如果D不提升，156结果成了157。

158—161 表明在 A 用作主语的情况下从 157 开始的一步步的演变：删除主语的前置词，擦除格的范畴；删除 pinch 后面的前置词，擦除格的范畴；时吸收在 V 中。

157.

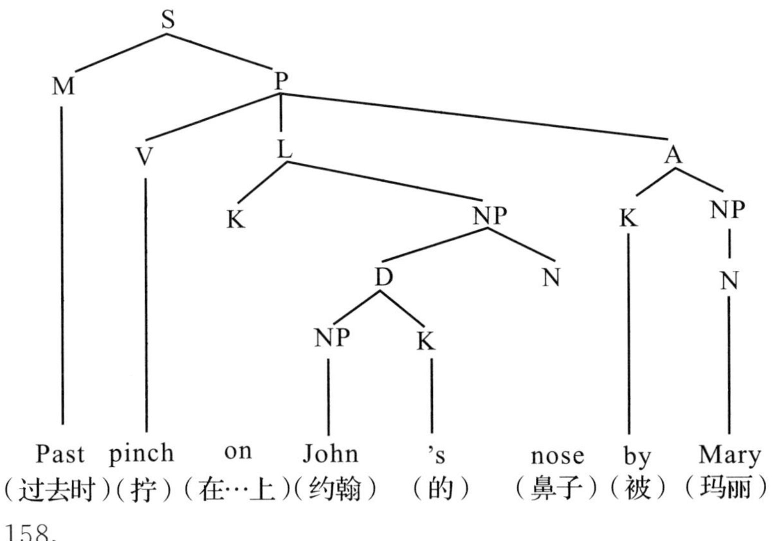

158.

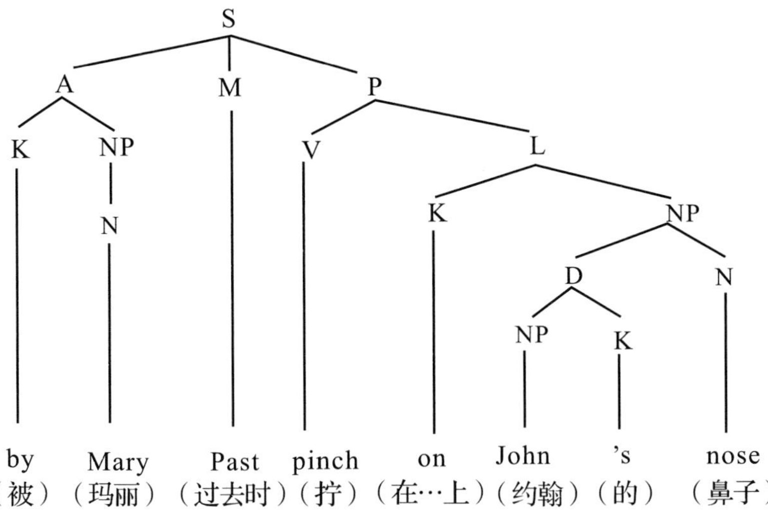

159.

S
NP
M
P
N
V
L
K
NP
D
N
NP
K
Mary
（玛丽）
Past
（过去时）
pinch
（拧）
on
（在…上）
John
（约翰）
's
（的）
nose
（鼻子）

160.

S
NP
M
P
N
V
NP
D
N
NP
K
Mary
(玛丽)
Past
(过去时)
pinch
(拧)
John
(约翰)
's
(的)
nose
(鼻子)

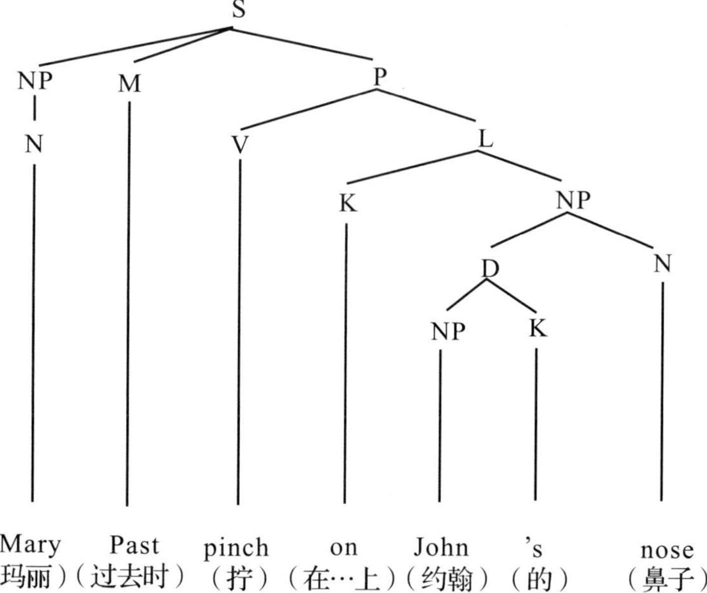

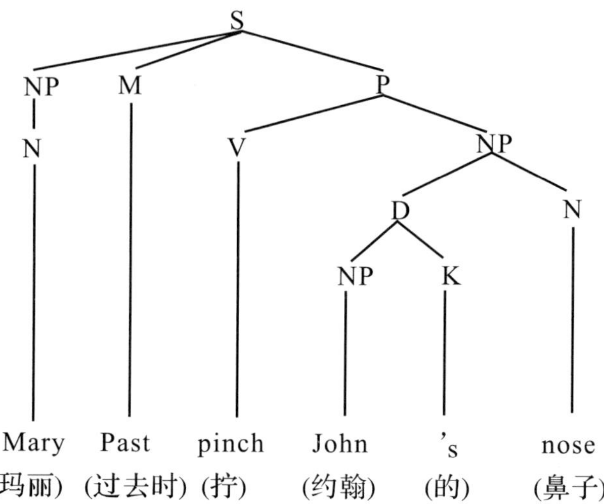

161.

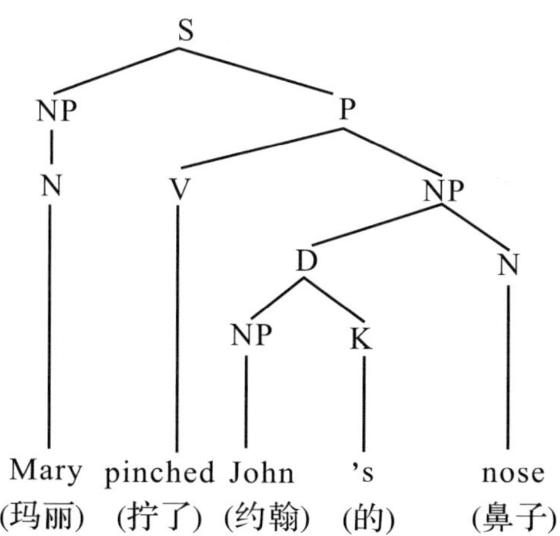

如果选择 157 的 L 而不是 A，作为主语，结果是 162。这样选择主语就要求 V 带特征[＋passive(被动)]，而被动特征又使 V 丧失了删除后面前置词的能力和带时态词缀的能力。从 162 最终得出的表层结构是 163。

162.

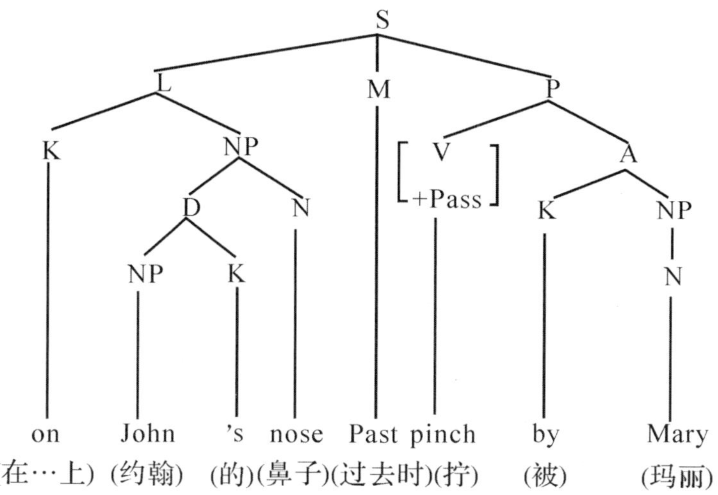

163.

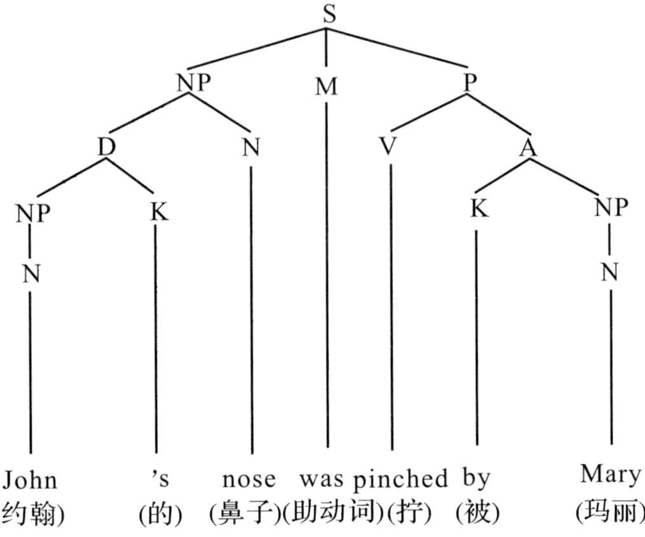

回到156,我们现在可以看到名词附加语D"提升"后的结果。如果D从L中移出来成了P中最靠左的格的成分,形成的结构是164。

164.

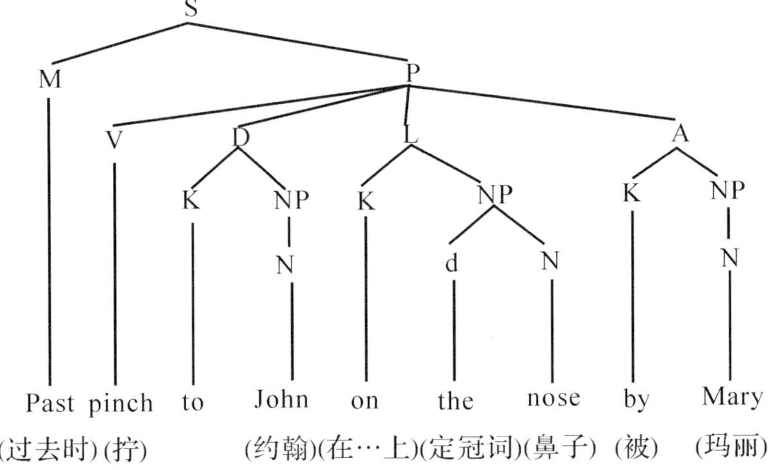

可能用作 164 的主语的是 A 或新“提升”的 D。如果主语是 A，得到的是 165，运用我们已经学到的规则，这一结构最终成为 166。

165.

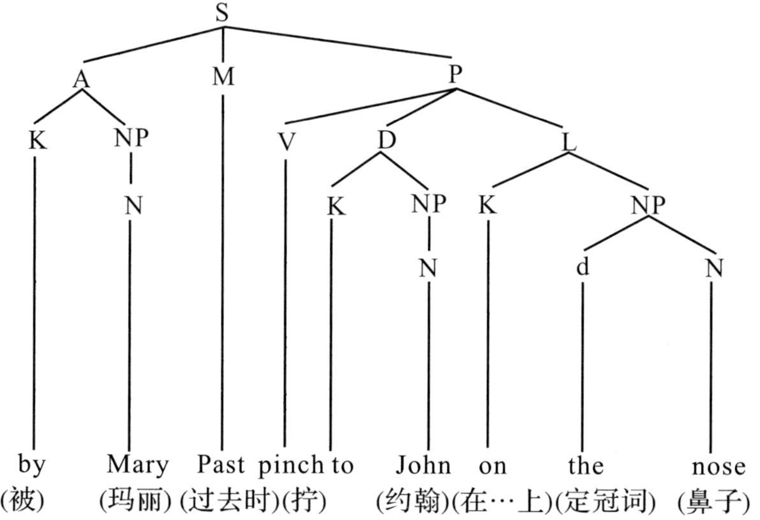

166.

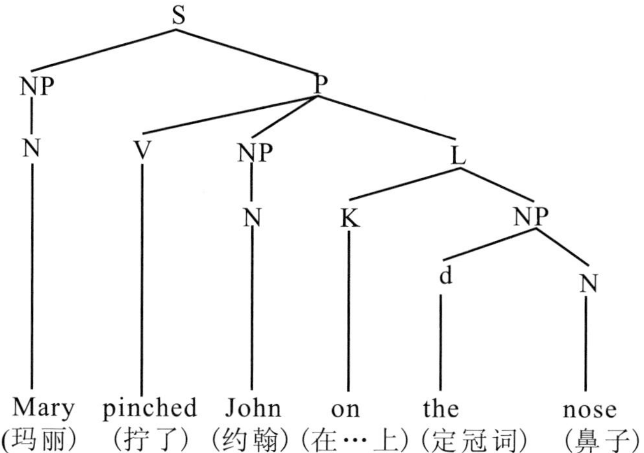

另一方面，如果 D 用作主语，得到的是 167；运用适合于带［＋passive（被动）］特征的 V 的规则，我们最终得到 168。

167.

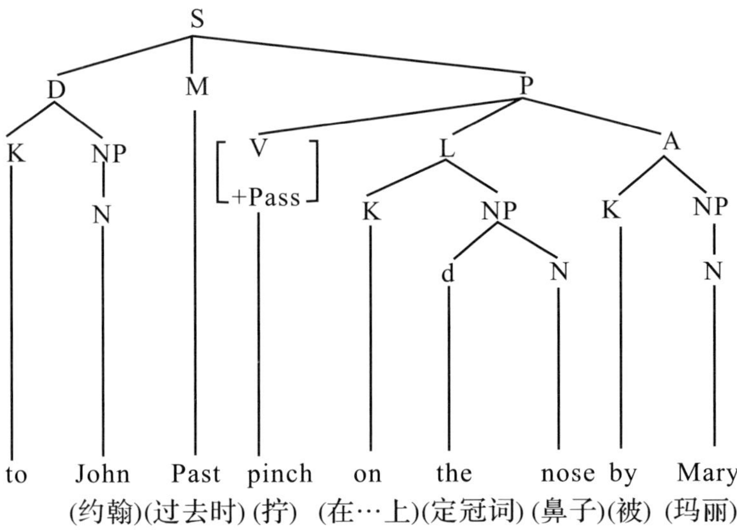

168.

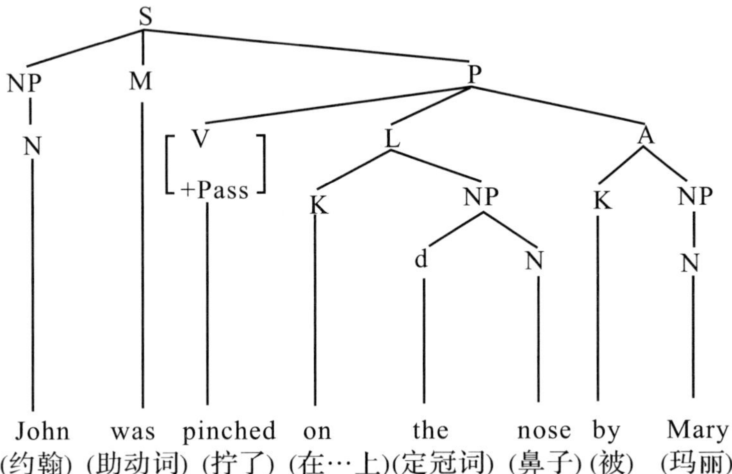

我们现在来谈巴利和弗雷感兴趣的问题，并且来看看给表示强制性领属关系的成分规定某种属性的句子中名词附加语 D 的作用。这种句子的基本结构可以用 169 表示。

169.

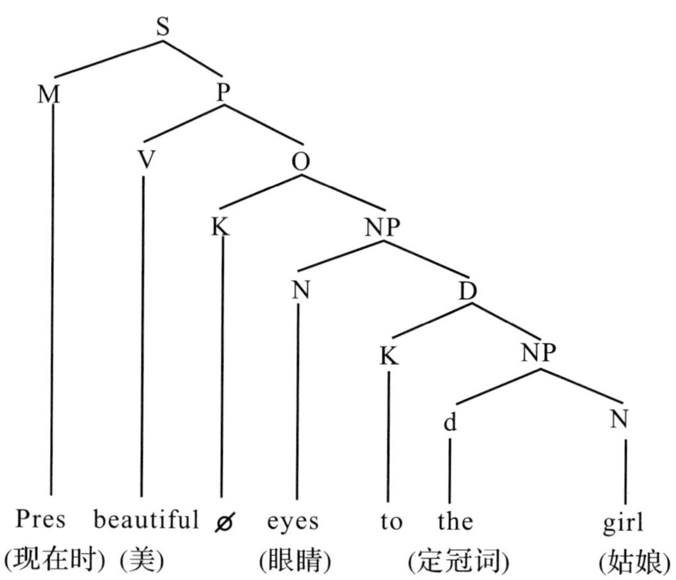

在允许 D 留在 NP 内部的语言中，D 成分改用属格形式。在英语中这就变成 170。因 170 只有[V+O]这种形式，O 必然选作主语，结果在英语中是 171。

请注意，因为 V 是一个形容词，无法“吸收”时[63]，所以需要在 M 成分内加 be(是)。例 171 是由 170 得出的，在 170 中 V 用作 O 的谓语，而 D 直接下联于 O。这样，例 171 就和前面的句子 127 和 134 类似，都属于 131 所示的那种类型。

进一步设想 170 的 D 真的“提升”了。通过这种方式引入 D

作为 P 的直接成分，其结果是 172。

170.

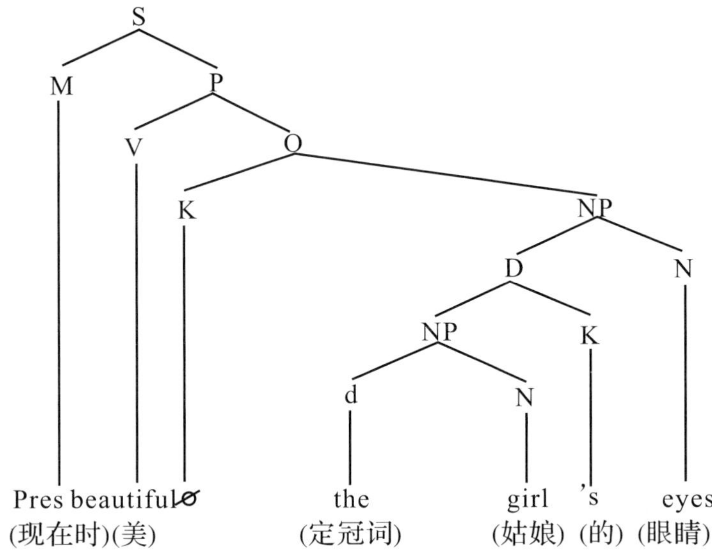

171.

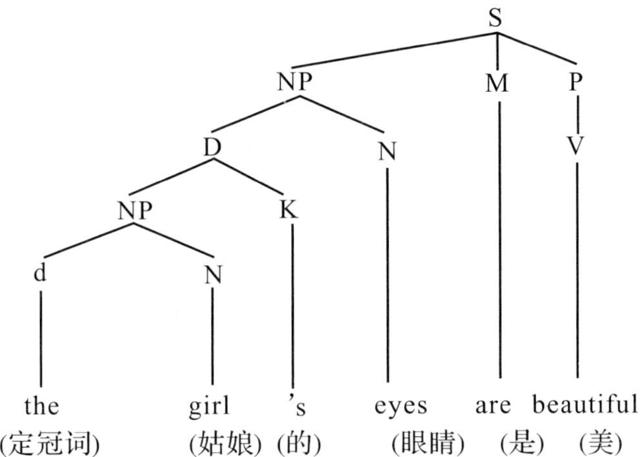

172.

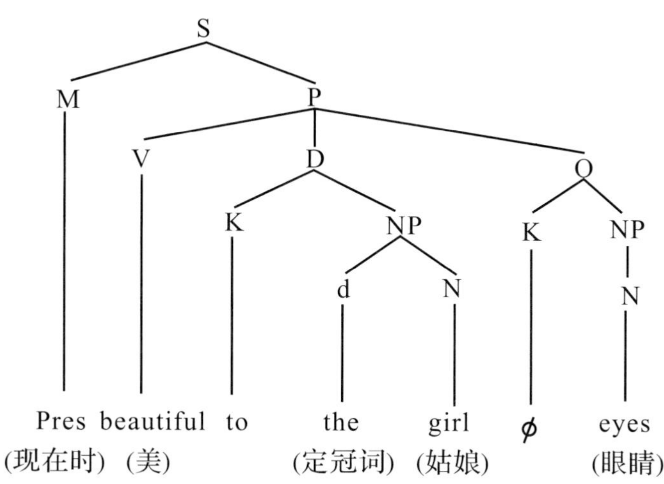

有些语言允许 172 中的 O 用作主语，而 D 成分则保留预期的 D 的表层形式，如 132。另一些语言当 O 是主语时允许 D 成分接受次级主题化手续，其结果成了例如日语的一种“双主语”结构（请回想例 142）。当 O 成为主语时例 172 所形成的句子的一般表达类型如前面 135 公式所示。

很多语言允许 D 作为主语。在这种情况下，如果没有其他变化，O 以某种间接格形式出现。这是因为，由于 beautiful（美）不是一个真正的动词，表示身体某部分的词没法变换为“宾语”。173 是初始结构；就英语而言这种结构不典型，虽然在例 174 中也许可以看到这种表达方式，并且这种表达方式可以代表派生出如例 175 那种类型的短语的过程中的一个阶段。

173.

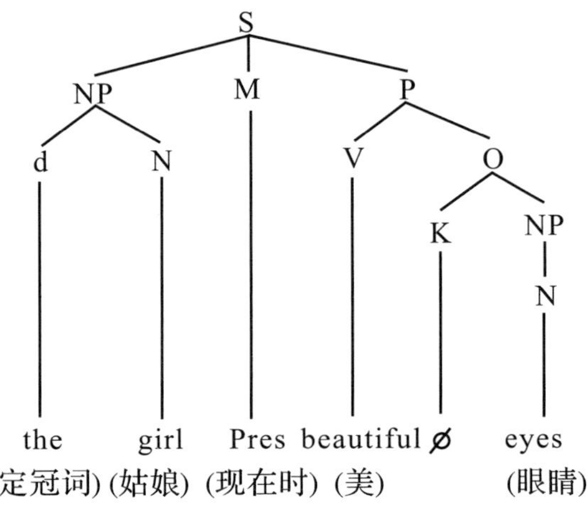

174. tall of stature, blue in the face(身材高，脸色青)

175. broad-chested, fat-legged(宽胸膛的，腿粗的)

这似乎就是例136的处于底层的结构形式，其表达类型已写为137。这种结构在法语中显然是罕见的；弗雷把这种结构称为带have的句子的“短路”说法。

当D用作主语时，另一种可能性是把形容词加在表示身体某部分的NP上。我建议，不幸是一种很特别的方式，这样做的时候不要取消成分标记V。我相信在任何时候在P下面至少保留一个抽象的V是有些根据的。这样的制约条件结果会显得比表面看来更有根据，因为这种结构看来正反映了那些采用了如have(有)这样的动词的语言所需要的东西。

我所设想的结构如176所示。在P下面的V空缺的情况下，在允许这种类型的结构直接变成句子的语言中，必须在M部位

176.

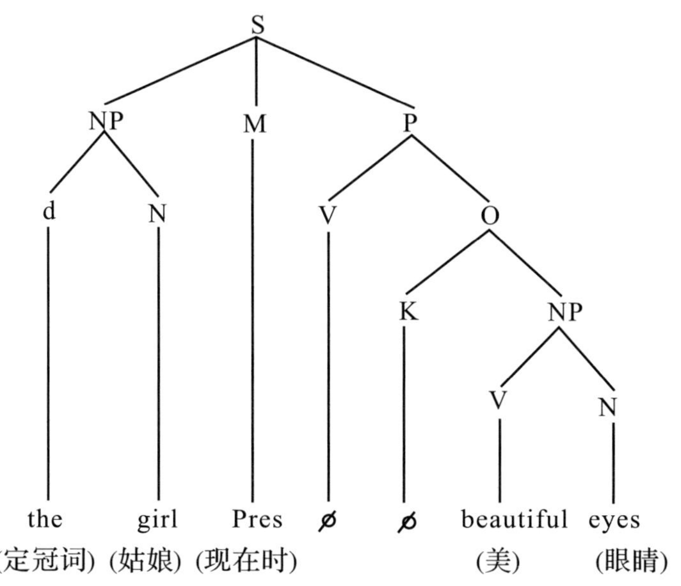

加 be(是)。请注意,在这种结构中,受修饰的身体的某部分的 NP 作为一个整体“采取”某种格的形式。这种类型的表达方式的公式以前没有列过;这种公式大致如 177。

177. P be[A ⟶B]^{oblique}

可以设想,这就是 178 所示的谓语的底层结构;137 类型的谓语和 177 类型的谓语之间的区别分别见于 179 和 180 的拉丁语的同义异词结构。

178. of tall stature(高身材);di bello aspetto(外貌美丽)

179. aequus animo(生性平和)

180. aequo animo(属平和生性)

然后,最后一种可能性是在空缺的 V 位插入功能词 have,也就是一个把受修饰的表示身体某部分的名词作为“宾语”的动词。我们已经看到,在英语中这要删除前置词。用这种办法修正 176,结果是 181。

181.

```
                    S
          ┌─────────┼──────────┐
          NP        M          P
        ┌──┴──┐     │      ┌───┴───┐
        d     N     │      V       NP
        │     │     │      │     ┌──┴──┐
        │     │     │      │     V     N
        │     │     │      │     │     │
       the   girl  Pres   have beautiful eyes
```

(定冠词) (姑娘) (现在时) (有) (美丽的) (眼睛)

简言之,看来在牵涉到把某种属性加到一个不可分割的名词身上的句子中发现的众多的表层变化,要根据巴赫(1965)的精神,为普遍语法设立一套递归(recurrent)转换,每种语言在某种程度上各取所需。一般结构类型的句子用公式 182。

182. $^{P}[V^{O}[D+N]]$

其中 V 是形容词,N 是表示身体某部分的名词,以下(1)到(4)是各种可能选择的方式：

(1)提升 D

(2)选 D 作主语

(3)把形容词复制进表示身体某部分的 NP

(4)在 V 空位插入 have

如果没有运用(1)，D 就成为表示身体某部分的 N 的属格修饰成分，整个 O 成为主语。如果没有运用(2)，O 就成为主语。如果没有运用(3)，结果就是弗雷的“短路”句子。规则(4)只适用于“发明了”have 的语言。

(四) 关于不可分割的领属关系的几点补充看法

如果不可分割的领属关系特征处理为语言的一种普遍特性，那么，或者是可以互相对译的词汇项在能不能分割这方面会分类一致，或者是不同语言对“同一”事物的不同分类方法可能反映了说不同语言的人心理构造方面的差别。很多学者从不可分割性的材料中发现语言科学有机会来说明原始心理和人的“自我”概念的可能范围。因为这种不同之点越来越显得是表层结构层次的不同，所以最好还是等待一个时期再作出关于这些问题的结论[64]。

除了表示身体各部分的名词和亲属称谓，其他一些名词也肯定需要用名词附加语 D。方向指示词 right(右)和 left(左)可能也是这一类型的名词。在英语和其他不少语言中这些词出现的典型情况是不说明任何人身关系，理由是，这些词经常指的是以说话者或听话者为基准的方位或方向，而且在很多情况下，如果名词附加语 D 就是说话者或听话者，简直就不需要表达出来。

还有很多表示某种关系的名词并不说明特殊的人身关系。我们宁愿说某些“处所”名词带一个名词附加语 L。这里名词有时候是有关事物的一部分的名称，如例 183；有时候以有关事物为基准确定某种方位或方向，但是不认为是有关事物的一部分，如例 184。第二类“名词”在英语中的表层表现为前置词。

183. corner of the table, edge of the cliff, top of the box（桌子角，悬崖边缘，盒子顶上）

184. behind the house, ahead of the car, next to the tower（房子后面，汽车前头，塔的隔壁）

六　问题和建议

在语言现象的语法描写方面留有相当一部分没有解决的问题，而理解到根据我现在提出的语法构想很多问题仍然没有解决，这是令人失望的，虽然并不令人惊讶。能立即想到的这类问题是并列连接问题，名词谓语问题和“同源宾语”(cognate object)问题。

(一) 并列连接

语言中处理“伴随格”(comitative)结构和 NP 的并列连接现象之间可能有某种关系。用格的术语来说，在 NP 的连接和我们想称之为伴随格的现象之间可能有某种关系。叶斯柏森注意到了 with(一个具有伴随功能的前置词)和连接成分 and(和)之间的平行现象，如例 185 和 186 这样成对的例子(1924，p. 90)。

185. He and his wife are coming.(他和他的妻子要来。)
186. He is coming with his wife.(他同他妻子一起来。)

日语连接句子和连接 NP 用不同的办法来表示，而用来连接

NP 的后置词和伴随格后置词相同。在连接 NP 时，除了末了一个外都带后置词と。最后一个 NP 带和整个 NP 的格的作用相应的后置词。请比较例 187 和 188。

187. 田中さんと橋本さんが来ました。（田中和桥本来了。）

188. 橋本さんが田中さんと話しました。（桥本跟田中说话。）

雷登指出在瓦拉派语中一个句子只有一个名词用“主语”。连接名词采用的办法是在一连串名词中除了一个名词以外都加“离格”后缀，也就是表示伴随功能的后缀。如在例 189 中，/-č/是主格，/-m/是离格。

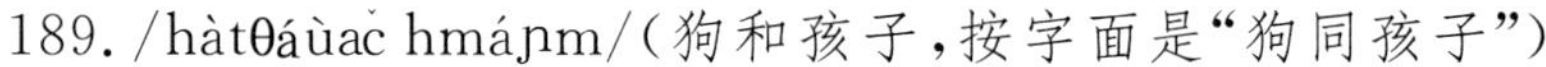

189. /hàtθáùač hmáɲm/（狗和孩子，按字面是“狗同孩子”）

可能需要 190 那样的规则来作为 NP 的扩展规则。

190. NP ⟶ NP＋C

用 X 作为各种格范畴的总的符号，190 可以产生像 191 那样的结构。

191.

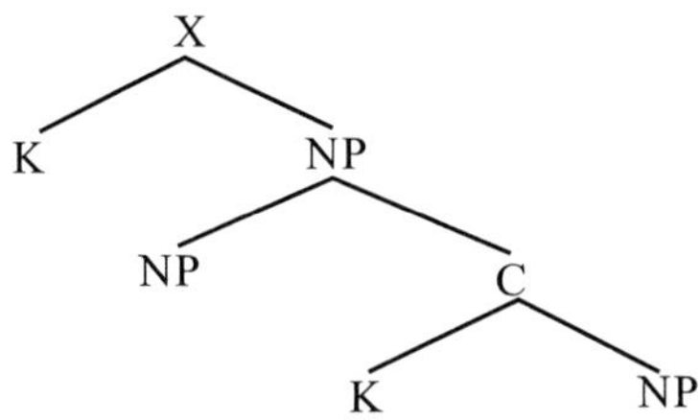

格的范畴 C 的地位非常特殊，因为在 C 下面的名词的选择性制约就是上一级 NP 的选择性制约。换言之，所需要的是这样一种规则，规定给 C 下面的任何一个 N 加上跟占支配地位的非 C 格有关的特征相同的多余特征。

下联的 C 在某种情况下必须留在大 NP 中。在没有一般化的连接成分的语言中，格的标记就是适用于 C 的标记（日语中的后置词と，瓦拉派语的词尾-m）；在有一般化的连接成分的语言中，这样的连接成分就代替了格的标记，就如在某种情况下 and 代替了 with。

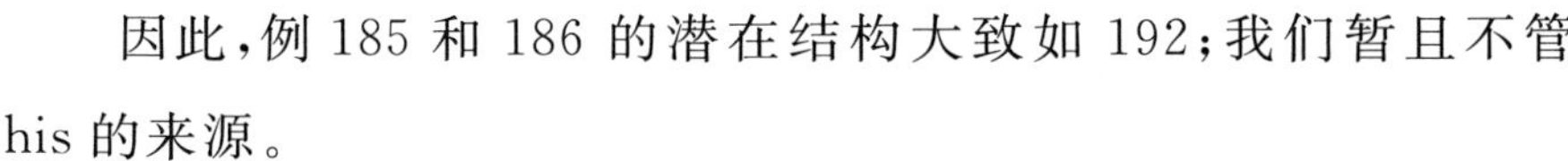

因此，例 185 和 186 的潜在结构大致如 192；我们暂且不管 his 的来源。

192.

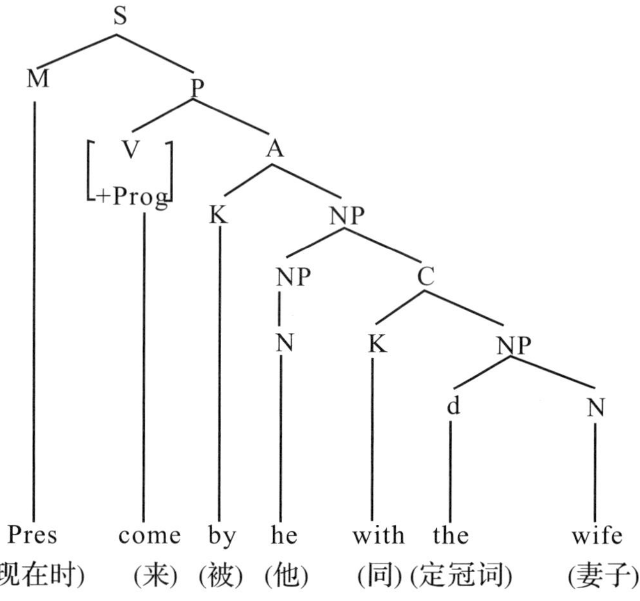

如果C留在NP中,整个A成为主语,结果得出例185;然而,如果C提升,如193所示的结构,当A成为主语时C留在后面,则结果是例186。

和连接NP有关的无数问题看来不大可能通过这种办法大大简化,但是无可怀疑,在NP的连接和伴随用法之间有某种联系。

193.

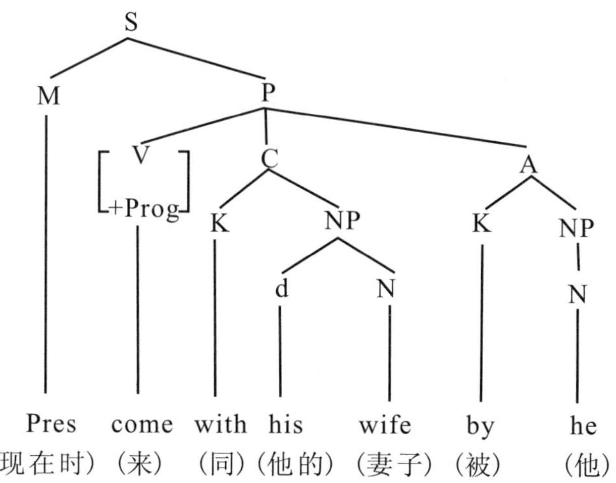

莱可夫和彼得斯(Lakoff and Peters,1966)最近提出了令人信服的论点,上述关系的"方向"正和我所说的相反;换言之,伴随短语是从连接 NP 派生出来的,而不是相反。

(二) 名词谓语

直到现在还没有提出过处理 N be N 这种类型句子的办法。很明显,这类句子代表了一类和包含前面已经讨论过的各种格的关系中的任何一种格的关系的句子都不同的句型,虽然在这些句子中可以包含不止一种格的关系。(现成的术语想起来有永存格 essive 和转变格 translative)

有些出现在谓语位置上的名词在其他地方出现是有限制的。也许有可能把这些名词当作和 V 同一级的限于[____A]式的 V

来处理。例子是 idiot(白痴),bastard(讨厌鬼,杂种)和 fool(傻瓜)。环境中包括 A,因为主语总是有生命的,而且这些结构显示出和 V 在环境中有 A 时相联系的选择特点和转换特点。请注意例 194 和 195。

194. Don't be fool!(别当傻瓜!)

195. He's being a bastard again.(他又在当讨厌鬼。=他又在叫人讨厌。)

这种解释法看来可以说明,为什么我们可以用例 196,而当用 idiot(白痴)同样的“评价”意义时,不能用例 197。

196. John is an idiot.(约翰是白痴。)

197. An idiot hit the first homerun.(一个白痴打中了第一个本垒球。)

这个词处理成 V 很恰当的进一步证据是,这些名词可以接受通常是和形容词相联系的那种类型的修饰,如 198。

198. John is quite an idiot.(约翰是个十足的白痴。)

要认真对待的问题在于(1)在其他语境中使用像 idiot,fool 等等这类词,如 199;(2)在名词谓语句中使用非评价意义的 N,如 200。

199. That rat swiped my lunch.（那混蛋偷吃了我的便餐。）

200. That boy is my nephew.（那孩子是我侄儿。）

当然，可以想出一两个新的格的范畴来应付这种情况，但是诸如主语和谓语 NP 必须在数上一致这样一些问题仍然和以前一样麻烦。也许根据巴赫在本书所发表的文章①中提出的路子很快会找到某种解决办法。

（三）同源宾语

另一类困难是所谓“同源宾语”结构引起的。有一些结构，最低限度而言，在特定的 V 和“宾语”N 之间有一种高度的选择性，在这些结构中某种语言的 V＋N 组合可以完全相当于另一种语言中单独一个 V。

稍稍修改一下桑德拉·巴布科克（Sandra Babcock，1966）[65] 最近所作的分析，我想提出一种意见，那就是，在有些语境中格的范畴 F(factitive“使成格”)在词汇上可以留下空位，而某些在分类上当作 V 的词可以特地插入包含空位 F 的框架中。这样一些词可以带和本身有联系的特定的代表性 N（如 bath“洗澡”）和特定的“代 V”（如 take）。适用于假位 F 句子的规则如下：

---

① 指巴赫的文章《名词和名词短语》，载 *Universals in Linguistic Theory* 第 91—122 页。

(1)复制 F 下面的 V 的代表性 N。

(2)用规定的“代 V”代替 V。

这些规则可以就不同的 V 规定不同的使用条件。同源宾语 V dream(做梦)可以本身用作 V,或者用在假位 F 句子中。用作同源宾语动词时,dream 的代表性 N 是 dream,代 V 是 have;还可以进一步详细规定成分 O 的前置词是选择 about 还是 of,以及不需要运用规则(2)。

如果和 dream 相联系的代表性 N 复制进成分 F,结果是例 201;如果有关的动词 have 代替了 V,结果是例 202。

201. John dreamed a dream about Mary.(约翰做了一个关于玛丽的梦。)

202. John had a dream about Mary.(约翰做了一个关于玛丽的梦。)

通过这些办法,我们事实上可以考虑以下列方式来扩大关于同源宾语结构的解释。有些词,即使必须用“代 V”,也可以处理成同源宾语 V。例如 V nightmare[①](噩梦)可以把 nightmare 列为其代表性 N,把 have 作为“代 V”。这样,运用规则(1),203 中的结构成为中间中介结构 204;运用规则(2),204 转变为 205。同样使用这种办法就可能可以说明 suggest(提出[意见])和 make a suggestion(作出建议),shove someone(推某人)和 give someone

① nightmare 不是动词而是在这里“处理”为动词。

a shove（推某人一下）等等之间的联系，但是还遗留很多困难问题。特别是还不清楚，根据这些提出来的办法，像例 206 和 207 这样的句子该如何处理。

203.

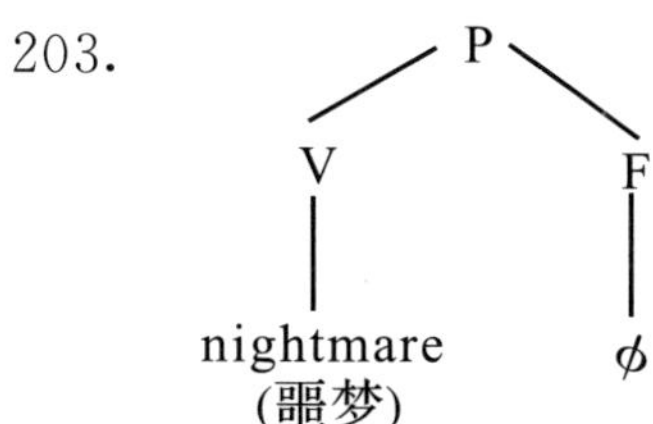

204.

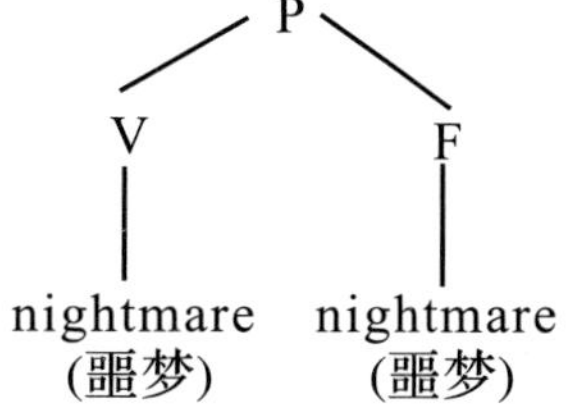

205.

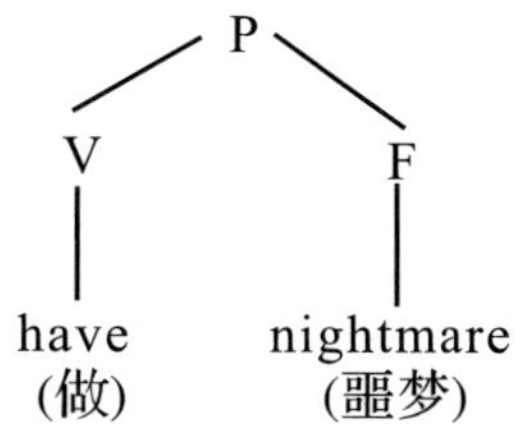

206. She made several ridiculous suggestions.（她提出了几个可笑的建议。）

207. I had a terrible nightmare last night.（我昨晚做了一个可怕的噩梦。）

（四）其他问题

还有很多问题我几乎不敢说看到了有什么解决办法。只提很少几个问题：在表层的格和"部分格"（partitive）功能之间的明显联系；在某些语言中"有定性"（definiteness）限于在特定的表层格的关系中（典型例子是"直接宾语"）的 NP；同样的意义（来自同样的深层结构？）在表层有极其繁多不同的体现形式，这一点叶斯柏森在谈到"品位转移"（rank shifting）（1924，p. 91）时举例说明过。

到目前为止提到过的困难就性质而言都是经验性的，但是也有很多形式上的问题。其中一个问题是，在 P 下面允许出现的格的安排是否需要通过短语结构规则来生成，因为 PS（短语）规则最重要的功能之一就是规定语法关系，也就是规定那些在这里部分地是用范畴而不是用配置关系来处理的现象。和这个问题有关的是格与格之间所存在的明显的依存关系。例如，看来在一个句子中出现 B（benefactive"受益格"）短语跟这个句子是否包含 A 有关，而跟 V 的特定性质无关。我们很愿意用一种生成手续来表达这些事实，这种手续先选择一个动词，再选择这一动词所需要的格，然后选择和原来已经选择定了的格相适合的其他的格。问题不在于 PS 规则能不能生成这种规定的序列——没有疑问能办到——而在于这类看来能得到公认的同现关系或依存关系是否可以用某种别的办法更有效地加以描述。（对乔姆斯基在 1965 年提出的那种转换语法的修正办法已经使得不需要再用 PS 规则来对词汇范畴进行再分类，或是用 PS 规则来选择词汇项。如果要规定某些类的句法关系也必须用 PS 规则以外的某种办法来解决，那么就很可能可以完全放弃 PS 规则。）

格是否必须用支配 NP 的范畴来表示，或者用某种别的办法来表示，这个问题我看是完全可以讨论的。处理成范畴的一个优点是，当 NP 用作主语和宾语时，可以说是失去了“原来”和整句句子的格的关系（根据这样一条规则：只要删除格的标记 K，就“擦除”格的范畴——这也就是一种“节点削除”node-razing 规则），结果是，这些 NP 的形式只能根据本身的“纯粹关系”地位来决定。这样，看起来 NP 的标记关系和由配置关系规定的关系之间的区别就可以相当于“具体的”格和“语法的”格之间传统的区别。（不管用哪一种方法来解释，在这种区别中属格的地位是不清楚的。）

有些人已经向我指出，格的语法的底层的表达方法显然可以转化为类似依存关系图解（dependency diagram）和法位学（tagmemics）公式的东西。如果 K 成分解释为 NP 的成分，那么格的范畴就单向支配了 NP。这样就使格的范畴等于在连接 P 和直接和 P 相联系的各个 NP 的分支上的标记。如果 P 的唯一功能是提供一个成分，NP 可以通过这一成分和 V 发生关系，那么我们也完全可以更直接地用 V 代替 P 这个节点来表示这种关系。结果不再是一种成分结构的图解，因为词汇成分插入了“支配的”节点；而结果可能是用泰尼埃尔或海斯（Hays）所用的那种“树干”图解，和用短语结构树形图解，都一样可以表示需要表示的句子成分的组织。

只要格的范畴单向支配 NP，也很容易把格的语法的底层表达方式转化为“法位学”的公式。或者说，在这一点上，只要某些符号规定为功能指示成分，格的语法的图解简直可以读成法位学的公式。我们可以很容易地说“NP填入A槽”。我提出的对转换语法的修正意见和典型的法位学研究之间的关键性的区别在于我坚持揭示“深层结构”中的“最深”层次。

七　结束语

我已经注意到了的对格的语法的一种批评意见是，格的语法过分地以语义考虑为依据。很多分析的结果（很有希望）是，在格的语法的深层结构中相当直接地揭示了某些语义上的区别，揭示了语言之间的共同点；但是有人认为，句法分析只能以句法材料为根据，并且每次只能分析一种语言。

现在产生了一个问题，那就是究竟有没有一种根据纯粹的句法标准并且每次只分析一种语言而能发现的句法描写“层次”。如果有可能根据我现在提出的方向发现一种在语义上是站得住脚的普遍的句法理论，如果有可能通过一些规则（也许首先从给那些底层没有序列顺序的表达方式指派序列的规则开始）使这些“语义深层结构”转变为句子的表层形式，那么很可能大家已经从乔姆斯基和他的学生的著作中熟悉了的那种类型的句法深层结构就会走上音位走过的道路。这种句法深层结构是在凭经验能发现的“语义深层结构”和凭观察能接触到的表层结构之间的一种人为的中间层次，这种层次的特性跟语法学家的方法论信念的关系比和人类语言的本质的关系更为密切。

附　注

1　我要感谢俄亥俄州立大学文理学院免除了我1967年冬季学期的教学任务。我也要向哈佛大学的George Lakoff,俄亥俄州立大学的D. Terence Langendoen和国际商用机器公司的Paul M. Postal表示感谢,感谢他们就有关本文的观点给我提出的质疑和建议。我很可能不久就会感到遗憾,因为我没有在所有的问题上听取他们的意见。

2　只要短语结构模式一直在起着决定基础规则形式的作用,标写法上的困难使得无法把"格"作为真正的初始项引入基础规则。因此,我的主张是,为每一种语言规定一套确定的格的范畴,附以程度不同的特定的句法、语汇和语义细则;并且我认为,企图把"格"的概念局限于表层结构的做法是必定要失败的。

3　在座谈会上,John R. Ross指出,某些句法手段似乎和形容词的比较形式这样一些成分的特殊的词汇体现形式有关(并且因而也可以说是"根据"这种特殊体现形式来决定的)。简言之,只要在表层的体现形式完全相同,进行比较的形容词就可以重复。我们可以说:

1. She became friendlier and friendlier.(她变得越来越

友好。）

2. She became more and more friendly.（她变得越来越友好。）

但是不能说：

3. * She became friendlier and more friendly.

4 这个例子是 Paul M. Postal 提出来的。

5 要查这一类的详细描写，请参阅 Bennett(1914)。

6 见叶斯柏森所引(1924，p. 107)。

7 摘自 de Groot(1956，p. 30)。

1. 用作名词附加语

(1)正规属格：eloquentia hominis(人的辩才)

(2)表示品质的属格：homo magnae eloquentiae(极其雄辩的人)

2. 用作名词性成分的附加语

(3)表示一群人的属格：reliqui peditum(步兵的余部)

3. 用作系词的补语

(4)表示某类人的属格：sapientis est aperte odisse.（公开表示憎恨是明智人的所作所为。）

4. 用作动词的附加语

(5)表示目的的属格：Aegyptum profiscitue cognoscende antiquitatis.（到埃及去旅行，目的是为了了解古代事迹。）（此处注文中的 Profiscitue cognoscende 疑为 Proficiscitur cognoscendei 之误。本文拉丁语引例疑难之处，承北京师范大学马香雪同志赐教，特此致谢。——译注）

(6)表示处所的属格:Romae consules creabantur.(执政官在罗马选举。)

5. 用作现在分词的附加语

(7)带现在分词的属格:laboris fugiens(逃避劳动)

6. 表惊叹的属格:mercimoni lepidi(多漂亮的货物)

8 但是必须指出,本维尼斯特关于句子名词化的解释是历时的,而不是共时的,因为他在下文解释,新的属格关系是根据这些基本的动词原句进行类比而创造出来的。先是有 ludus pueri(孩子的游戏)和 risus pueri(孩子的笑),这和 ludet(游戏)和 ridet(笑)的关系是很明显的,然后这一模式扩展到包括 somnus pueri(孩子的睡觉),mos pueri(孩子的愿望),最后发展到 liber pueri(孩子的书)。生成语法学家可能想也为其他这样一些属格用法去寻找共时的和动词的联系方式,可能通过提出一些假定的办法,假定有某些抽象的动词格式,但是这些格式从来不具体化为真正的动词(参见 Benveniste,1962,p. 17)。

9 提出这些意见并不是要批评 Redden 的研究。现在还没有一种关于格关系的普遍理论,所以没有一种在理论上站得住的跟这种方法不同的方法。

10 这种解说法叶斯柏森(1924,p. 186)简短地讨论过,似乎最早起源于拜占庭语法学家 Maxime Planude。

11 Gonda(1962,p. 147)的例子可以说明这最后一点,他认为在《吠陀》梵语中要指“考虑到的事物”时就必须用与格名词。从他对下列例句的解释中可以看出这种说法的空洞:

vātāya kapilā vidyut(Patanjali).(红色的闪电意味着

有风。)

他的解释是“这就是说,闪电考虑到了风”。

12 在这方面请参考 A. H. Kuipers(1962,p. 231)的简短的批评意见。

13 Bennett(1914,p. 195,注 1)。我至今没有看到戈迪克的原文。

14 以下摘自戴弗尔(1964,p. 181):

“在 senatus imperium mihi dedit(元老院授予我最高权力)这一句中,主格名词具有施事的句法意义,指的是给予者;宾格名词具有受事的句法意义,指的是礼物。问题在于:与格名词本身究竟指的是受赠者,还是仅仅表示有关的名词既不是给予者也不是礼物?”

戴弗尔选择了后一种解释。特别是,他指出,“既知 mihi 用的是与格,既不可能是施事(给予者),也不可能是受事(礼物),我们就推论是受赠者”。

15 Kuryłowicz(1960, pp. 138—139, 144—147, 150)。并参看 Kuryłowicz(1964, pp. 179—181)。在 Heger(1966)中可以找到有些相似的关于格和两极性之间的联系的解释。

16 例如 Lehmann 的说法(1958,p. 190)。

17 有时候给人一种印象,似乎追溯格的词缀的起源同时说明了说这种有关语言的人的智力发展过程。如果把 * -m 和 * -s 解释为派生语素是正确的话,这并不就意味着在从这些成分的最早期的功能转变为后期明显的像格的用法这一过程中我们发现了从“具体”思维方式到“抽象关系”思维方式的“抽象

化"过程或倾向性。我们的构拟方法肯定会有可能发现基本的(也就是深层结构的)语言发展过程,如果存在这样的发展过程的话;但是表层结构语素的起源研究不应得出有关深层的类型学方面的差别的假定。我的意思是,原始印欧语处于底层的格的结构很可能和任何一种后裔语言的格的结构组织得一样严密,而其间发生的变化很可能完全只是形态音位方面的一些细节。根据在主语位置上出现的大多是(派生的)表示主动者的名词,某一代人可能把有关的后缀"重新解释"为表示用作主语的人的标志,而往后某一代人又可能把这个后缀重新解释为仅仅是特定的某一类词用作主语时的标志——这是用最简单的思考方式来设想的可能出现的情况。简言之,这种变化很可能完全发生在如何更简捷地把处于底层的结构特征在表层表现出来的办法方面,而那些处于底层的结构特征本身却并没有发生任何变化。

18 特别请参考 Uhlenbeck(1901),在该书中,作者确定 * -m 是主语的标志,而 * -s 则是被动句中的施事标志(这是对"作格"体系的一种流行的说法);还有 Vaillant(1936)。Lehmann(1958,p. 190)认为这种论点是不能令人信服的,指出,例如在复数名词或者是 ā 类阴性名词中就找不到"作格"词尾的证据。

19 这种建议当然并不新鲜。根据叶姆斯列夫的意见,第一个指出前置词和格之间的联系的学者是 A.-F. Bernhardi,见其所著《语言学基础》(柏林,1805);参见 Hjelmslev(1935,p. 24)。

20 这种区别通过"关系"对"范畴"(category)这两种概念会表达

得更为确切，因为当某种短语结构规则使用 Manner（方式）和 Extent（范围）这样的符号的时候（这两个符号控制［dominate］方式状语和范围短语），就语法的其余部分而言，其作用和像 S 或 NP 这类“有意设置的”（intentional）范畴符号完全相同。这一点和短语结构模式的需要更为有关，而和有关的语法概念的“范畴”性质很少有关系。在以前的一篇论文中，我讨论过在像乔姆斯基（1965）所提出的那种类型的语法的基础部分中，不可能同时抓住这样两种信息，即 in a clumsy way（笨拙地）是一种方式状语（作为一种方式状语就是一种具有和其他方式状语共有的特点的实例，这些特点在词汇选择上是严格制约的，并且只能在特定的位置上出现，只能和某些成分一起出现），又是一种前置词短语。参看 Fillmore（1966a）。有的语法学家在规则中使用诸如 Loc（处所），Temp（时间），Extent（范围）和类似的术语，用意是让这些术语表示它们直接控制的短语和句子（也就是作为一个整体的 VP）中某个其他成分之间的关系；据我所知，没有人真的想把这些术语让人当作跟 NP 或前置词短语那样不同的语法范畴［语类］类型来看待。

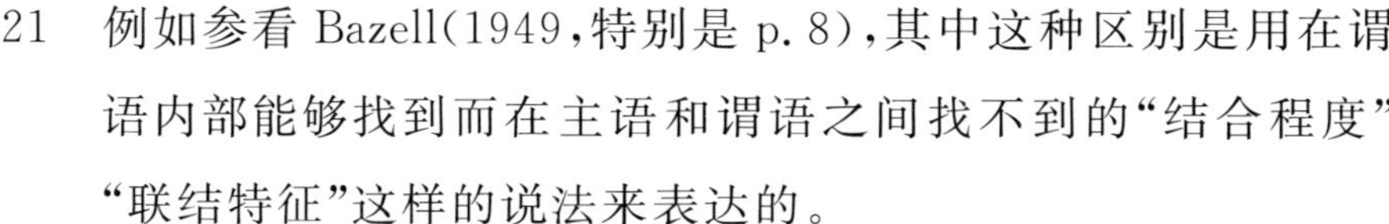

21　例如参看 Bazell（1949，特别是 p. 8），其中这种区别是用在谓语内部能够找到而在主语和谓语之间找不到的“结合程度”“联结特征”这样的说法来表达的。

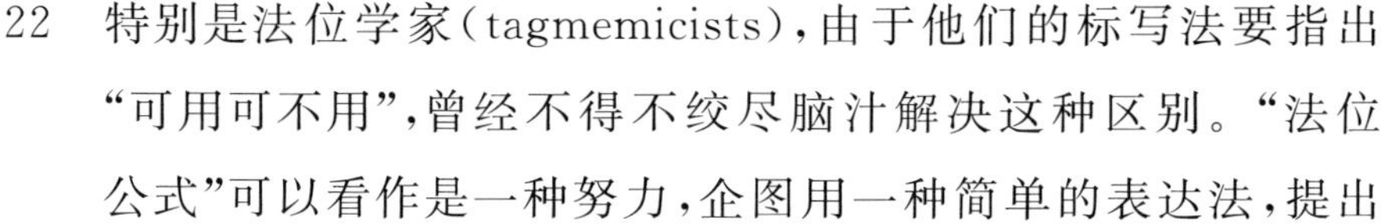

22　特别是法位学家（tagmemicists），由于他们的标写法要指出“可用可不用”，曾经不得不绞尽脑汁解决这种区别。“法位公式”可以看作是一种努力，企图用一种简单的表达法，提出

一种可以产生一整套有关句子以及这些句子的表层结构(不涉及词序的自由变化)的准生成规则。如果及物和不及物小句的公式如下:

1. ±Subj(主)+Pred(谓)±Obj(宾)±Loc(处)±Time(时)

2. ±Subj(主)+Pred(谓)±Loc(处)±Time(时)

那么很清楚,(1)任何一个包含一个“谓”的小句都可以符合这两个公式,(2)就这些小句的描写来说,可能出现“处”和“时”这样一些成分不如可能出现“宾”这一成分关系重大。派克提出要区分“特征分辨性”小句成分和“非特征分辨性”小句成分,这种区分是和可用可不用/必用那种区分相交叉的;例如,见 Pike(1966,特别是第一章“分句”)。另一方面,Grimes 似乎主张必须有“特征分辨性”成分,不过在某种上下文或复指条件下可以省略。见 Grimes(1964,特别是 p.16 以次)。

23 见 Gleitman(1966)和 Harris(1957,特别是 p.16),其中有关英语中这些手段的描写提供了丰富的资料。

24 叶斯柏森(1924,p.179):不管我们怎样往远古追溯,我们在任何地方都找不到一个格只有一种含义明确的功能;在每一种语言中,每一个格都用来表示不同的功用,而这些用法之间的界限又远非泾渭分明的。这种情况,再加上作为格的特征的形式成分方面的不规则现象和缺乏一贯性,这一切可以用来说明我们在语言史上看到的无数合并现象(“辑合现象”[Syncretism])以及就这样还在很大程度上在历史上解释不清楚的那些混乱不堪的规则。如果英语在简化这些规则方面比其他语言走得更远，我们应当虔敬地表示感谢，而不应当跳出来迫使英语回到几百年前的混乱和复杂状态中去。

25 叶姆斯列夫(1935，p. 1)就肯定格作为一种语法范畴的普遍性。Velten(1962)在最近一篇运用雅可布逊的观点进行研究的论文中指出了“综合的”和“分析的”格在历史上的连续性的大量现象，足以证明语言学家无权在语法研究中把格和前置词分属不同的“篇章”。深层结构的格的概念可以认为牵涉到要引申“辑合现象”的共时概念。格的辑合现象的一般共时意义表现为：尽管在绝大多数上下文中都没有形式上的标志，只要在“体系的某一部分”有形式上的标志就可以决定假设某种格的对立。(见 Newmark，1962，p. 313)深层结构的格简直可以在任何场合都不表现为显性的词缀或虚词。我们主张的这种概念可能相当于 Meinhof 的格的关系(Kasusbeziehung)(见 Meinhof，1938，p. 71)，Meinhof 的材料我没看到，是 Frei 引用的(1954，p. 31 脚注)。

26 据此，只要在同一个句子的表层结构中(在不同的名词短语中)出现一种以上的格的形式，那么或者是牵涉到了一个以上的深层结构的格，或者是这个句子是复杂句。例如，如果把德语的 lehren(“教”)描写为“带两个宾格名词”的动词，那么我们就有理由相信，在深层结构中，这两个宾语名词的格是不相同的。语言常常为这种区别提供证据，例如在 das wurde mir gelehrt([某人]教了我什么)(译注：在这句中 das 用主格，mir 是与格)这样的被动句中所出现的证据。

27 作者意识到，例 18 可以理解为是说约翰的身体被扔过窗户时所进行的动作，例 19 可以是比喻的说法，锤子拟人化了。不论用哪一种说法解释，例 21 都可以接受，而用“拟人化”来解释，例 22 也成了可以接受的了。重要的是要理解到，这样一些解释也可以用这些句子的“表面价值”时所运用的完全一样的假设来说明。

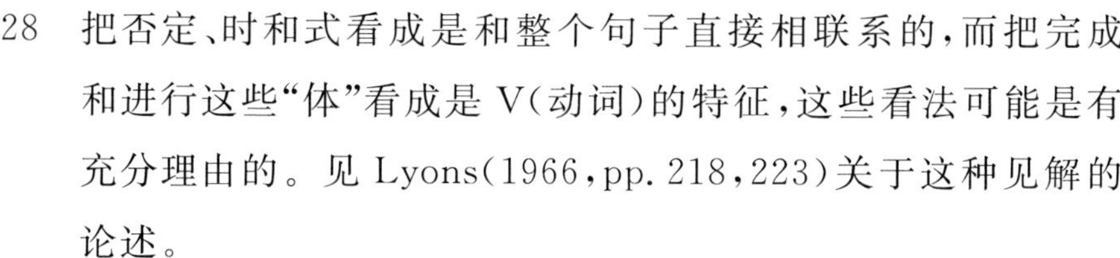

28 把否定、时和式看成是和整个句子直接相联系的，而把完成和进行这些“体”看成是 V(动词)的特征，这些看法可能是有充分理由的。见 Lyons(1966, pp. 218, 223)关于这种见解的论述。

29 我在先前的论文中提出，全句状语一般属于情态成分。现在我认为，很多全句副词是从上属句(superordinate sentence)(通过我们想称之为“下移”[infrajection]的转换类型)引入的。对于像 unfortunately(不幸)这样不可能误会的全句副词来说，这样处理的可能性长期以来就已经很明显，但是把“下移”的解释办法扩大到包括 willingly(愿意地)，easily(容易地)，carefully(小心地)这样一些副词，也有相当令人信服的根据。

30 全部用箭头标写，但是这不应解释为提出格的语法，就要求重写规则的成分符号排列采取自左到右的方向。

31 用了“典型的”这样一个保险定语，表示我意识到，在我所说需要施事的上下文中有时候出现的是诸如“机器人”这样的无生命的名词，或“国家”这样的“人类体制”。因为我目前还想不出办法来处理这些问题，我只好假定所有施事者都是

"有生命的"。

32 Paul Postal 提醒我有下面这种句子,如:

1. I rapped him on the head with a snake. (我用一条蛇打他的头。)

要求表示工具的 NP 都是"无生命的",也就是要求把例 1 解释为在底层结构中有相当于"用一条蛇的身体"那样的内容。有些语言在这样的上下文中要求出现一个表示"身体"的词根,这一事实可以认为是支持了我们这种假定,同样,Lakoff 指出的如例 2 这种句子的不可接受也支持了我们的假定。

2. *John broke the window with himself. (*约翰用自己打破了窗子。)[见 Lakoff,1967 *Instrumental adverbs and the concept of deep structure*(《工具副词和深层结构的概念》复印本),Cambridge,Mass.]

33 在 Fillmore(1966a)中曾经称这个中性的格为 ergative(作格),那是不明智的,也是容易使人产生误解的。

34 Hall(1955)。一般都认为在处所和方向词组之间,以及在"随意性"和"强制性"处所词组之间,存在着对立,如 Hall 的例 1 和例 2 所表示的,这看来指的是"VP 内部"成分和"VP 外部"成分之间的差别。

1. John keeps his car in the garage. (约翰把他的汽车放在车房里。)

2. John washes his car in the garage. (约翰在车房里洗他的汽车。)

拿我们的话来说，这等于或者是要确定作为P的成分的L和作为M的成分的L之间有无区别，或者是在P内部能不能有两个L成分，这两个L成分对动词的选择性在程度上有区别。限制性很强的L选择像keep（存放，保存），put（放），leave（离开，把…留在…）这样一些动词，但是不能用polish（磨光，漆），wash（洗），build（建筑，造）这样一些动词；限制性不强的L选择polish，wash，build这样一些动词，但是不能用believe（相信），know（知道），want（要）这样一些动词。

不管怎样来解释这种区别，第二种L或称“外部的”L，在某些方面和可以称之为受益格的B在“选择”特征方面是相似的。B也和动词的选择有关，某些动词不接受B的修饰（* He is tall for you“他为了你高”）；但是在这里这种限制可能和格与格之间的依存关系有关，而不是直接和动词相联系的依存关系。看来事实上允许有“外部L”和B修饰语的动词恰恰就是那些带施事的动词。我还想不出办法来描述这种依存关系，但是第二种L和B看来只出现在有A的句子中。

3. Il demeure à Paris.（他住在巴黎。）

4. Il travaille à Paris.（他在巴黎工作。）

把例3和例4之间的区别解释为直接支配关系和间接支配关系的对立可能仅仅是和例4的主语实际上是A有关。特定的动词和出现一个“外部的”L都是由A的存在所决定的。这方面的问题请参阅Bazell就Gougenheim对de Boer的《法语句法》所作评论的讨论（1949，p. 10）。［译按：直接支配关系和间接支配关系的原文是 régime direct,régime indirect,作者的意思是,例 3 是 Il demeure à Paris,例 4 是 Il travaille à Paris;demeurer à 等于一个及物动词,例如 habiter(居住)。因而是"直接支配关系"。作者认为例 3 的 Il(他)不是 A,因为动词 demeurer(逗留,住)不表示真正的动作。在下文有些我们认为可以是 A 的,作者不认为是 A,也是因为作者对有关的动词另有看法。]

35 我们使有高度限制性的词汇特征和特定的格的单位联系起来,这样做,就回到了波普(Bopp),维尔纳(Wüllner)和哈尔通(Hartung)所提出的把"格的形式"扩大到包括"副词形式"的那种见解。根据这种见解,某些副词实际上是只能"采取"一种格的形式的名词。因为深层结构的格,就它们所能采用的名词而言,事实上都在某种程度上是"缺略不全"的,所以像屈折变化能力(inflectional scope)这样的概念就不再能在"正规的格的形式"和"副词"之间划出一个清楚的界限。见 Hjelmslev 对这个问题的讨论(1935,p. 40)。

36 在讨论这个问题时,我一直依据的是 Postal 和 Lakoff 的学说,他们认为形容词是动词的一个附类,我认为这是完全能令人信服的。

37 格的框架用方括弧来表示,靠下的横线表示和这一公式作为环境框架有关的那一个成分的位置。框架特征写在方括弧里面,前面带"+"或"-",表示(如果带"+")在方括弧内写出的这些格的框架是可以容纳有关词汇项的框架,或(如果带"-",则)否。

38 必须指出,在"主语/宾语"型语法中关于NP范畴体现为it+S这种内嵌句的描写必须以某种方式保证NP的这种特殊扩展方式限于不及物句的主语和及物句的(直接或间接)宾语。如果决定把S补语限于O这种格的成分,那么所有上述这些限制就没有必要了。

39 看来在框架特征中标明某些格可以选用是有好处的,如在英语中那样,因为有那么多的动词,同一形式既可以用作及物动词,又可以用作不及物动词。在英语中这些词使用同一形式,是一种个别语言的偶然巧合现象。我们有理由来确定open的及物和不及物用法,或是cook的及物和不及物用法,因为在所有这些讨论到的用法中,动词的语义特点是一致的。(我们必须区分一个动词的语义特点和包含这一动词的句子的语义解释。在后一种情况下,全句同现成分及其由各自的格所决定而发挥的语义作用全都考虑进来了。)在任何场合,只要具备这样的条件,就可以标明可任意选用。会出现这样的情况,就某些语言而言,"随意性的"各格中出现或不出现某一个格会影响到动词。例如,就[____O(A)]类型的动词来说,有A的时候规定用动词的某种变体,不同于没有A的时候(区分"同一"动词的"及物"和"不及物"用法),或者没有A的时候要求附加某种成分(例如"反身"语素),而有A的时候就不需要,如果出现这种情况,这些细节可以通过转换手续来解决。参见Hashimoto(1966)。通过把这种条件下可以接受的表层变体的范围扩大到包括异干法在内,甚至也可以把下文51—53所列的对立的例子解释为表层的词

汇变体。

40 do-so 这个例子用这种办法不太好解释。但是,“非静态”动词和能“带”A 的动词之间的联系太明显了,这一点不可能完全错。

41 例如动词 blame(责备)对 O 选用(“支配”)for,对 D 选用 on。look(看)的 O 前置词,意思是“审视”时用 at,是“寻找”时是 for,listen(听)的 O 前置词是 to,诸如此类。可以通过转换办法来改变原来规定的前置词:规定表层主语和宾语的规则会删除前置词(代之以“零”),构成非动词化(=非句子化)的名词短语的规则会把某些原有的格的形式转换为“属格”形式,办法是或者用 of 来代替规定的前置词,或者在某些场合,去掉规定的前置词,加上“属格”后缀。

42 用什么样的术语不必太认真。

43 动词根据后面的格的范畴的前置词是否要删除,也就是是否“带”直接宾语来分类。动词所具有的宾语前置词删除特性在转换中可能会有修正。

44 如上所述,我们把这里的区别仅仅看作这些动词句法特点的独特现象,因此我们认为,在历史上像 like(喜欢),want(要)和 think(想)这些动词从选择 O 类型的动词演变为选择 D 类型的动词,仅仅是在我们的语言中主语选择手续方面的一个细节。换言之,我们不需要同意叶斯柏森的观点,他在描写英语从“him like oysters(他[与格]喜欢牡蛎)”这一类型的用法演变为“he likes oysters(他喜欢牡蛎)”这一类型的用法时,认为这反映了动词 like 的“意义”从大致是“对(某人来说)是惬意的”演变为大致是“喜欢(什么)”(Jespersen,1924,p.160)。这种变化看来仅仅是选择第一个词作主语和建立动词配合关系这两种表层手续之间相互影响的结果。

45 在一个简单句中可能只有一种格,据此就有可能许可所有的主语通过复制转换来形成。包含同一格的同一 NP 的两个复制成分的句子要经过一系列变化中的一种变化:或者是删除第二个复制成分,代之以某一替代成分,或者是用某一替代成分,来替代第一个复制成分。

46 很可能主语复制的正确分析和这里所说的略有不同。有相当多的证据证明,当第一复制成分用替代成分替代后,第二复制成分实际上处于 P 之外,也就是说,按 Rosenbaum 所说的那样“外移”了。如果这是真的,那么,由于发生成分外移情况的句子无论如何必须经过两步手续,很可能全句的主语是通过常用的手续——而不是通过复制——产生的,而后来再外移,在主语位置上以形式主语 it 这种形式留下一个“语迹”。

关于气象动词的例子和分析采自 Langendoen(1966),本文稍加改动。

47 要了解最近关于在一切有关场合在转换过程中引入 be 和 have 的争论,请参阅 Bach(1967)。要了解关于存在句比我所提出的更好的处理办法,请特别参阅 Lee(1967)。

48 引入 have 来说明如例 1 和例 2 那样成对句子之间的联系的另一种情况将在下文关于不可分割的领属关系一节中讨论。

1. My knee is sore.(我膝盖酸疼。)

2. I have a sore knee.（我有一个酸疼的膝盖。）

49 在对主语和宾语进行转换处理的过程中，有一点语义上的碍难，那就是不同的选择往往随之而产生某种语义上的差别。这种差别是一种“焦点”次序的差别——尽量说得空泛一些——而不是其他的差别，并且看来也不需要在深层结构中假定有“主语”和“宾语”。这种“焦点”的差别可以是极其细微的，如例 1—2 和例 3—4 各对例句；或者可以有某种程度上更影响到“认识内容”的差别，如例 5—6 和例 7—8 各对例句。

1. Mary has the children with her.（玛丽和孩子们在一起。）

2. The children are with Mary.（孩子们和玛丽在一起。）

3. He blamed the accident on John.（他把这事故归罪于约翰。）

4. He blamed John for the accident.（他为这事故责备约翰。）

5. Bees are swarming in the garden.（蜜蜂在花园里成群地飞。）

6. The garden is swarming with bees.（花园到处飞满了蜜蜂。）

7. He sprayed paint on the wall.（他把颜料洒在墙上。）

8. He sprayed the wall with paint.（他用颜料洒墙。）

第 6 句似乎暗示整个花园到处都有蜜蜂，而第 5 句则没有这个意思；第 8 句暗示，整个墙面盖满了颜料，而第 7 句则

没有这个意思。

其他各种语法使用派生主语和派生宾语——在主语/宾语型语法中，如果不把 spray（泼，洒），blame（责备），open（开），break（打碎）这样一些动词处理为复杂而难以解释的同义现象的例子，那么这是唯一的办法——在这一范围内，对这些语法来说，语义上的碍难之处和对格的语法来说一样大。因为有关的转换手续产生的“语义影响”和格的关系本身的语义作用是如此不同，还因为格的关系并不受这些手续的影响，所以我倾向于容忍再次在语法理论中引入有（极其有限性质的）语义作用的转换手续。

50 这样处理就有可能把和有关的动词缺乏词源联系的名词包括进来。我们会希望指出 book（书）和动词 write（写）有这种联系，从而说明 your book（你的书）的歧义，即：the book which you own（你所有的书）（一般的关系分句修饰），和 the book which you write（你写的书）。

51 对转化为属格的成分如果有带普遍性的制约条件的话，那么究竟有些什么样的带普遍性制约条件，这还完全不清楚。看来如果在 NP 中只出现一个成分，这一形式经常采取属格形式。

请比较有歧义的例句 1 和例句 2，3。

1. My instructions were impossible to carry out，（我的指示无法贯彻，）

(1) So l quit.（所以我辞职了。）

(2) So he quit.（所以他辞职了。）

2. My instructions to you are to go there.（我给你的指示是到那儿去。）

3. * My your instructions are to go there.（* 我的你的指示是到那儿去。）

在英语中，看来如果在有关的句子中有两个不同的 NP 具备构成 of 属格形式和 S 属格形式的条件，那么就有可能出现多属格结构，如以下引自叶斯柏森的例子：

4. Gainesborough's portrait of the duchess of Devonshire（盖恩斯伯勒的德文夏公爵夫人像）

日语在真正的关系分句和紧缩的关系分句中都可以允许转化为属格。例 5 的另一种说法是例 6，其中“の”是和我们称为“属格”的功能密切相联系的后置词。

5. 僕ガ読んだ雑誌“我＋主语＋读＋过去时＋杂志”（我读过的杂志）

6. 僕の読んだ雑誌（我的读过的杂志）

52 叶斯柏森的意见认为，amor dei 发生歧义的原因在动词，不在名词——名词毫不含糊地确定为主语，而动词则有歧义，或为主动，或为被动。这种意见应当作为一种假设来理解，那就是，只有那些能（和特定的动词在一起）转化为表层主语的 NP 成分才能出现在属格修饰结构中作为由动词变来的名词的修饰语。就英语而论，这一点很可能是正确的。（Jespersen，1924，p. 170）

53 Paul M. Postal 已经为莫豪克语（Mohawk）制定了解决这一类一致问题的语法细则（参阅 Postal，1963）。

54 例句和关于这些关系的描写引自 McKaughan(1962),但是,我的解释有不少猜测之词。

55 换言之,语法学家要描写例 1 是通过什么手续转变为例 2 的,要注意在什么条件下在连上去的句子中重复成分可以删除或用替代词代替,在什么条件下连上去的句子可以加用 too(也)和 either(也不)这样一些词。

1. Mary didn't want any candy and Mary didn't take any candy.(玛丽不想吃糖,而且玛丽没拿任何糖。)

2. Mary didn't want any candy and she didn't take any.(玛丽不想吃糖,而且她一点也没拿。)

如果听话的人早就知道例 1 中第一个关联词语所包含的信息(例如,他刚才提到过),在这样的上下文中,一个说英语的人就觉得可以自由使用例 3 中的缩减形式。

3. She didn't take any, either.(她也一点也没拿。)

我认为没有任何理由要求某种语言的语法直接生成像例 3 那样的句子。

56 奥特尔(Oertel 1936)把分裂的格的用法分为两种,一种是“悬离”(pen-dent)用法,在这种场合,“主题”用“主格”,即使在句子中原来的作用并不是主语(我觉得和 he, I like him“他,我喜欢他”中的 he 类似),一种是“提前”(proleptic)用法,在那种场合,主题保留原来的格的形式,挪到句首,在句子的其余部分可以重新出现(用指示代词的方式),也可以不重新出现[和 him, I like(him)“他,我喜欢(他)”类似]。

57 Jeffrey Gruber 最近关于儿语中主题化的研究(1967)提出的意

见是，在个体发展过程中激发的（即我称为“次级”的）主题化手续在英语中早于形式主语的使用。可能是当主题化的某种办法成了“习惯性的”时候，就凝固成一种形式上的需要，而有关语言就必须另找其他办法来表示有一定动机的主题化。

Kenneth Hale 1967 年给我写的信中告诉我，澳大利亚土著民族地区的 Walbiri 语是一种作格（ergative）语言，其中显然没有“主语化”手续，而任何一个组成成分可以重复出现在句子（proposition）的右方，句子内部的成分用一个替代形式来代替。

58 请注意，即使用[____O]和[____O+A]框架中的动词形式不同，这一点也不能解释为是“被动性”的证据。如前所述，在不属于作格型的语言中，同一动词词根根据及物和不及物用法也仍然可以有系统的变化。

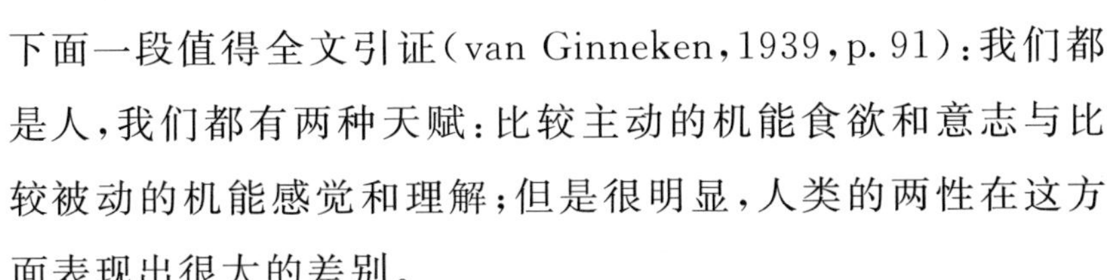

59 下面一段值得全文引证（van Ginneken，1939，p. 91）：我们都是人，我们都有两种天赋：比较主动的机能食欲和意志与比较被动的机能感觉和理解；但是很明显，人类的两性在这方面表现出很大的差别。

现代人种学已经完全抛弃了认为不足为凭的均衡发展的学说，而告诉我们，人类社会的发展始终摇摆于两类文化之间，一类文化比较女性化，一类文化比较男性化，分别称为母系文化和父系文化。经常总是母系文化特征很突出，如巴斯克语拥有被动性质的及物动词，受事用直格（译按：即主格），施事用间接格；但是父系文化，如印欧语，拥有主动、泛灵、神秘性质的及物动词，主语用直格，宾语用间接格。因此每一个民族各有其相宜的动词。

60 最后这种情况有时候说成是有“人格屈折变化”的名词(参看Manessy,1964,p. 468)。

Sapir(1917a)分类记录了各种不同的美洲印第安语言中处理不可分割的领属关系的属格的各种各样的方法。

61 Frei(1939,p. 188)。这种表达方式限于明显的关系名词,不单限于身体的各部分。弗雷注意到了这样的短语:des couloirs spacieux et *bas de*(宽敞而天花板很低的走廊),libre de moeurs(不顾道德,放荡)。他用下文例1和例2对比,漂亮地讲清楚了牵涉到不可分割的领属关系的句子和表面相似而语法结构不同的句子之间的区别(p. 186)。

1. La salle est pleine de visages.(大厅里充满了人[脸]。)

2. La femme est pleine de visage.(那女子脸很丰满。)

62 我倾向于认为限定成分是带普遍性的。见Fillmore(1967)。

63 讲得更精确一些,是形容词、被动态或进行式的V都不能吸收M中最靠右边的词缀。

64 关于不可分割的领属关系的研究的社会学意义的代表性论述,请参见Lévy-Bruhl(1916,p. 103),Bally(1926,p. 68),Frei(1939,p. 192),van Ginneken(1939,p. 90)。要查根据和不可分割的领属关系相联系的语法上的区别进行名词分类的详情,请参看Rosén(1959,p. 286以次)。

65 请同时比较Harris(1957,Section 30)用“准转换办法”的说法所作的解释。

附一：参考书目

Abaev, V. I. 1964. A *Grammatical Sketch of Ossetic*. Indiana University Research Center in Anthropology, Folklore, and Linguistics, Publications 35 (identical with *International Journal of American Linguistics*, XXX, No. 4, Part Ⅱ). Bloomington, Indiana. 《奥塞梯语语法概要》

Babcock, Sandra S. 1966. "*Syntactic Dissimilation*". Unpublished. Ohio State University.《句法异化作用》

Bach, Emmon. 1965. "On Some Recurrent Types of Transformations". *Report of the Sixteenth Annual Round Table Meeting on Linguistics and Language Studies* (identical with *Georgetown University Monograph Series on Languages and Linguistics* 18), pp. 3-18. Ed. Charles W. Kreidler. Washington, D. C.《论转换方法的几种递归类型》

Bally, Charles. 1926. "L'expression des idées de sphère personnelle et de solidarité dans les langues indoeuropéenes". *Festschrift Louis Gauchat*, pp. 68-78. Aarau.《印欧语系语言中人身及亲属范围概念的表达方式》

Bazell, C. E. 1949. "Syntactic Relations and Linguistic Typology".

Cahiers Ferdinand de Saussure 8:5-20.《句法关系和语言类型学》

Bennett, Charles. 1914. *Syntax of Early Latin, II: The Cases*. Boston.《早期拉丁语句法》第二卷:格

Benveniste, Emile. 1962. “Pour l’analyse des fonctions casuelles: Le genitif latin”. *Lingua* 11:10-18.《格的功能分析:拉丁语属格》

Blake, Frank. 1930. “A Semantic Analysis of Case”. *Curme Volume of Linguistic Studies* (identical with *Language Monograph No. 7*), pp. 34-49. Eds. JamesTaft Hartfield, Werner Leopold, and A. J. Friedrich Ziegelschmid. Baltimore.《格的语义分析》

Cassidy, Frederick G. 1937. “‘Case’ in Modern English”. *Language* 13:240-245.《现代英语的“格”》

Chomsky, Noam. *Aspects of the Theory of Syntax*. Cambridge, Mass.《句法理论的若干问题》

Diver, William. 1964. “The System of Agency of the Latin Noun”. *Word* 20:178-196.《拉丁语名词的施事体系》

Fillmore, Charles J. 1966a. “Toward a Modern Theory of Case”. *The Ohio State University Project on Linguistic Analysis, Report No.* 13, pp. 1-24.《格的现代理论初探》

—— 1966b. “A Proposal Concerning English Prepositions”. *Report of the Seventeenth Annual Round Table Meeting on Linguistics and Language Studies* (identical with *Georgetown University Monograph Series on Languages and*

Linguistics 19), pp. 19-33. Ed. Francis P. Dinneen, S. J. Washington.《关于英语前置词的一个建议》

Fillmore, Charles J. 1967. "The Syntax of English Preverbs". *Glossa*, 1:91-125.《英语前动词句法》

Frei, Henri. 1939. "Sylvie est jolie des yeux". *Mélanges de linguistique offerts à Charles Bally*, pp. 185-192. Geneva.《西尔维眼睛漂亮》

—— 1954. "Cas et désinence en français". *Cahiers Ferdinand de Saussure* 12:29-47.《法语的格和词尾变化》

van Ginneken, Jacques. 1939. "Avoir et être du point de vue de la linguistique générale". *Mélanges de Linguistique offerts à Charles Bally*, pp. 83-92. Geneva.《从普通语言学的观点看 avoir 和 être》

Gleitman, Lila. 1965. "Coordinating Conjunctions in English". *Language* 41:260-293.《英语的并立连词》

Gonda, J. 1962. "The Unity of Vedic Dative". *Lingua* 11:141-150.《吠陀梵语与格的一致性》

Greenberg, Joseph H. "Language universals". *Current Trends in Linguistics*, Ⅲ, 61-112. Ed. Thomas A. Sebeok. The Hague.《语言的普遍现象》

Grimes, Joseph E. 1964. *Huichol syntax*. The Hague.《霍依乔尔语句法》de Groot, A. Willem. 1956. "Classification of Uses of a Case Illustrated on the Genitive in Latin". *Lingua* 6:8-66.《一种格的用法分类:以拉丁语属格为例》

Gruber, Jeffrey. 1967. "Topicalization in Child Language". *Foundations of Language* 3:37-65.《儿语中的主题化》

Hall[Partee], Barbara. 1965. "Subject and Object in English". Unpublished dissertation. M. I. T.《英语中的主语和宾语》

Halliday, Michael A. K. 1966. "Some Notes on'Deep'Grammar". *Journal of Linguistics* 2:55-67.《"深层"语法说略》

Harris, Zellig. 1957. "Co-occurrence and Transformation in Linguistic Structure". *Language* 33:283-340.《语言结构的同现现象和转换》

Hashimoto, Mantaro J. 1966. "The Internal Structure of Basic Strings and a Generative Treatment of Transitive and Intransitive Verbs". Paper read before the 1966 Tokyo International Seminar in Linguistic Theory.《基本串列的内部结构和及物、不及物动词的生成处理》

Haves, Wilhelm. 1911. *Untersuchungen zur Kasussyntax der indogermanischen Sprachen*. Strasbourg.《印度-日耳曼语格的句法研究》

Hjelmslev, Louis. 1935, 1937. "La catégorie des cas". *Acta Jutlandica*, VII, No. 1; IX, No. 2.《格的范畴》

Ivić, Milka. 1962. "The Grammatical Category of Non-omissible Determiners". *Lingua* 11:199-204.《不可省略的限定成分的语法范畴》

—— 1964. "Non-omissible Determiners in Slavic Languages". *Proceedings of the Ninth International Congress of*

Linguists, pp. 476-479. The Hague.《斯拉夫语中的不可省略的限定成分》

Jakobson, Roman. 1936. "Beitrag zur allgemeinen Kasuslehre". *Travaux du Cercle Linguistique de Prague* 6:240-288.《格的一般理论》

—— 1958. "Typological Studies and Their Contribution to Historical Comparative Linguistics". *Proceedings of the VIIIth International Congress of Linguistics*, pp. 17-25. Oslo.《类型学研究及其对历史比较语言学的贡献》

Jespersen, Otto. 1924. *The Philosophy of Grammar*. New York.《语法哲学》

Kuipers, Aert H. 1962. "The Circassian Nominal Paradigm: A Contribution to Case Theory". *Lingua* 11:231-248.《高加索语名词变化:对格的理论的贡献》

Kuryłowicz, Jerzy. 1960. "Le problème du classement des cas". *Esquisses linguistiques*, pp. 131-150. Wrocław-Krakov.《格的分类问题》

—— 1964. *The Inflectional Categories of Indo-European*. Heidelberg.《印欧语的屈折变化范畴》

Lakoff, George. 1966. "Stative Adjectives and Verbs in English". The Computation Laboratory of Havard University Mathematical Linguistics and Automatic Translation, Report No. NSF-17, pp. I-1 to I-16.《英语的静态形容词和动词》

Lakoff and Stanley Peters. 1966. "Phrasal Conjunction and Sym-

metric Predicates". The Computation Laboratory of Havard University Mathematical Linguistics and Automatic Translation, Report No. NSF-17, pp. VI-1 to VI-49.《短语联立和对称谓语》

Lane, George S. 1951. Review of Y. M. Biese, *Some Notes on the Origin of the Indo-European Nominative Singular*. *Language* 27: 372-374.《评 Y. M. Biese 的〈印欧语主格单数来源说略〉》

Langendoen, D. Terence. 1966. "Some Problems Concerning the English Expletive 'it'". The Ohio State University Research Foundation Project on Linguistic Analysis, Report No. 13 pp. 104-134.《关于英语形式成分"it"的几个问题》

Lee, P. Gregory. Forthcoming. "Some Properties of *Be* Sentences".《be(是)字句的一些性质》

Lehmann, Winfred P. 1958. "On Earlier Stages of the Indo-European Nominal Inflection". *Language* 34:179-202.《印欧语主格变化的早期阶段》

Lévy-Brnhl, Lucien. 1916. "L'expression de la possession dans les langues mélanésiennes". *Bulletin de la Société de linguistique de Paris* 19:96-104.《密兰尼西亚语中领属关系的表达方式》

Lyons, John. 1966. "Towards a 'Notional' Theory of the 'Parts of Speech'". *Journal of Linguistics* 2: 209-236.《"词类"的"概念"理论初探》

Manessy, Gabriel. 1964. "La relation génitive dans quelques langues mandés". *Proceedings of the Ninth International Con-*

gress of Linguists, pp. 467-475. The Hague.《几种已知语言中的属格关系》

McKaughan, Howard. 1962. "Overt Relation Markers in Maranao". *Language* 38:47-51.《马拉瑙语的显性关系标记》

Martinet, André. 1962a. *A Functional View of Language*. Oxford.《语言的功能观点》

—— 1962b. "Le sujet comme fonction linguistique et l'analyse syntaxique du Basque". *Bulletin de la Société de Linguistique de Paris* 57:72-83.《主语作为一种语言功能和巴斯克语的句法分析》

Meinhof, Carl. 1938. "Der Ausdruck der Kasusbeziehungen in afrikanischen Sprachen". *Scritti in onore di Alfredo Trombetti*, pp. 71-85. Ed. Ulrico Hoepli. Milan.《非洲语言中格的关系的表达方式》

Müller, C. F. W. 1908. *Syntax des Nominativs und Akkusativs im Lateinischen*. Leipzig.《拉丁语中主格和役格的句法》

Newmark, Leonard. 1962. "An Albanian Case System". *Lingua* 11:312-321.《阿尔巴尼亚语格的体系》

Oertel, Hanns. 1936. *The Syntax of Cases in the Narrative and Descriptive Prose of the Brahmānas*. Heidelberg.《婆罗门记叙文和描写文中格的句法》

Pike, Kenneth L. 1966. *Tagmemics and Matrix Linguistics Applied to Selected African Languages*. Final Report, Contract No. OE-5-14-065, U. S. Department of Health, Education, and Welfare, Office

of Education, Bureau of Research. Washington, D. C.《法位学和矩阵语言学应用于有选择的非洲语言》

Postal, Paul M. 1963. “Mohawk Prefix Generation”. *Proceedings of the Ninth International Congress of Linguists*, pp. 346-355. The Hague.《莫豪克语前缀生成》

—— 1966. “On So-called ‘Pronouns’ in English”. *Report of the Seventeenth Annual Round Table Meeting on Linguistics and Language Studies* (identical with *Georgetown University Monograph Series on Languages and Linguistics* 19), pp. 177-206. Ed. Francis P. Dinneen, S. J. Washington, D. C.《英语所谓“代名词”》

Redden, James E. 1966. “Walapai II: Morphology”. *International Journal of American Linguistics* 32: 141-163.《瓦拉派语 第二章: 词法》

Robins, Robert H. 1961. “Syntactic Analysis”. *Archivum Linguisticum* 13: 78-89.《句法分析》

Rosén, Haiim. 1959. “Die Ausdrucksform für ‘veräusserlichen’ und ‘unveräusserlichen’ Besitz in Frühgriechischen”. *Lingua* 8: 264-293.《早期希腊语中“可分割的”和“不可分割的”领属关系的表达形式》

Saint-Jacques, Bernard. 1966. *Analyse structurale de la syntaxe du japonais moderne*. Paris.《现代日语句法的结构分析》

Salzmann, Zdeněk. 1965. “Arapaho VI: Noun”. *International Journal of American Linguistics* 31: 136-151.《阿拉巴荷语第

六章：名词》

Sapir, Edward. 1917a. Review of C. C. Uhlenbeck, "Het identificeerend karakter der possessieve flexie in talen van Noord-Amerika". *International Journal of American Linguistics* 1：86-90.《评 C. C. Uhlenbeck 的〈北美语言所有格屈折变化的确指性〉》

—— 1917b. Review of C. C. Uhlenbeck, "Het passieve karakter van het verbum transitivum of van het verbum actionis in talen van Noord-Amerika". *International Journal of American Linguistics*, 1：82-86.《评 C. C. Uhlenbeck 的〈北美语言行为动词中及物动词的被动性〉》

Sommerfelt, Alf. 1937. "Sur la notion du sujet en géorgian". *Mélanges de linguistique et de philosophie offerts à Jacques van Ginneken*, pp. 183-185. Paris.《关于格鲁吉亚语主语的概念》

Tesnière, Lucian. 1959. *Eléments de syntaxe structurale*. Paris.《结构句法基础》

Trubetzkoy, Nikolai S. 1939. "Le rapport entre le déterminé, le déterminant et le défini". *Mélanges de linguistique offerts à Charles Bally*, pp. 75-82. Geneva.《被限定成分、限定成分、有定成分之间的关系》

Uhlenbeck, C. C. 1901. "Agens und Patiens im Kasussystem der indogermanischen Sprachen". *Indogermanische Forschungen* 12：170-171.《印度-日耳曼语言格的体系中的施事和受事》

Vaillant, André. 1936. "L'ergatif indo-européen". *Bulletin de la*

Société de Linguistique de Paris 27:93-108.《印欧语的作格》

Velten, H. V. 1962. “Oh the Functions of French *de and à*”. *Lingua* 11:449-452.《法语中 de 和 à 的功能》

Whorf, Benjamin Lee. 1965. “A Linguistic Consideration of Thinking in Primitive Communities”. (c. 1936). *Language, Thought and Reality; Selected Writings of Benjamin Lee Whorf*, pp. 65-86. Ed. John B. Carroll. Cambridge, Mass.《原始社会思维的语言学研究》

附二：菲尔墨的格语法理论*

杨成凯

1. 引言

本文汇集了美国语言学家菲尔墨(Fillmore)对于格语法的论述，以 F1966[①]《关于现代的格理论》(Toward a Modern Theory of Case)、F1968《“格”辨》(The Case for Case)、F1971b《格语法的某些问题》(Some Problems for Case Grammar)、F1977a《再论〈“格”辨〉》(The Case for Case Reopened)、F1977b《词汇语义学中的论题》(Topics in Lexical Semantics)等五篇论文为主，并参照其他文章，把有关格语法的内容摘引出来(有时字句稍加压缩)，注明出处，剪辑编排在一起。

F1966、1968 和 1971b 三篇文章只用深层格分析平面作工具，把句子的底层句法表达式跟句子所描述的那个情境的特点联系起来，不用深层语法关系平面，本文列为 Fillmore 的初期格语法

* 承廖秋忠先生慨借资料，惠予指教，先后四次审阅订正，又承赵世开先生审订，谨表谢意。

① 本文提到菲尔墨在某年发表的论文，用 F 后加年份表示。

理论。F1977a、b 两篇文章改变了初期理论的这个观点，除了深层格分析平面以外，还加用深层语法关系平面来解释语义和句法现象，本文列为 Fillmore 的二期格语法理论。本文虽然对有关文献作了如上的分期处理，但“二期理论”中的文献跟“初期理论”可相比较之处，有一部分已附入“初期理论”的有关章节之中，以便参考。

2. 初期理论

2.1 句子成分

Fillmore 的格语法重点研究简单句。F1966(69 文本 365 页)把句子分为情态(modality)、助动词(auxiliary)和命题(proposition)三部分，用的公式是 S(句子)→Mod-Aux-Prop。

F1968:24 页(中译 27 页)只说有情态和命题两部分，没有说助动词，用的公式是 Sentence(句子)→Modality＋Proposition，或简记为 S→M＋P。两文都使用树形图表示句子的深层结构和转换过程。

F1971b 和 F1977a 两文则只谈命题部分的分析问题，没有提情态部分，也没有上述的句子形式化表现图式。F1971b(262 页以下)明确地讲以前使用的树形图式不合适。

2.1.1 情态 Fillmore 对于情态部分语焉不详。F1966(69 文本 365—366 页)认为情态部分包括表示疑问、否定的成分，全句的状语，时间状语，其他被理解为全句情态成分的状语；大致凡可变成主语或宾语的状语性成分都放在命题中，其余的状语性成分，如表示时间（Time）、受益（Benefactive）、频度（Frequentative）等的状语性成分，则是情态成分。

F1968（23 页及 26 页脚注 34，中译 26 页及 104—105 页注 30）则认为情态包括否定（negation）、时（tense）、式（mood）和体（aspect）等跟全句有关的情态成分，还可能包括时间副词和处所短语等。英语中的状语十分庞杂，当时转换语法学派对状语的研究不多，所以 Fillmore 对情态成分的性质略而未论。不过 F1968（23 页脚注 29，中译 104 页注 25）已认为全句的状语多应改用较高谓语的讲法，而不归入情态成分。

2.1.2 助动词 F1966（69 文本 365 页）只说助动词跟命题并列，不是命题的一个成分，没有更多的解释。仅从例句可看出有表示现在时（标为 Pres）和过去时（标为 Past）的成分而已。

2.1.3 命题 Fillmore 的格语法理论对情态和助动词无所作为，重点全在命题部分。现据 F1971b（246—247 页）原文，稍加压缩，并加注 F1968 中可以参考的部分，引述如下。

简单句的命题核心是由一个述谓成分（predicator，可以是动词、形容词或名词）①跟一个或几个实体（entity）结合而成。每一个实体都跟该述谓成分有一种叫作“深层格”（deep structure

---

① F1971a：374—375 页说，语言中的实义词（content word）的用法特点大都是用作谓词（predicate），名词、动词、形容词和大多数副词是这样，许多连词也是这样。所以像 Harry lives at home because he loves his mother（哈里住在家里，因为他爱他的母亲）一句，命题之真假判断不仅在于 because（因为）前后两个小句共总的真假值，还在于这两个小句所指的两个情境的因果关系（“causal”connection）的真假。这个句子可以解释为以 because 为主要谓词，它以两个小句为其主目（argument），断定其间有“因果”关系，亦即有逻辑关系。

case)的语义关系。格确定了实体在表述(predication)之中的作用,人类语言有通用的格表。(参考 F1968:23—24 页,中译 26—37 页)

格有层级(hierarchy),格的层级指导一些句法过程(syntactic process),特别是关于主语的选择。(参考 F1968:33 页,中译 37 页;并参看下文 2.2.16)

在有格的词形变化的语言中的表层格形式,在其他语言中的前置词、后置词或其他句法功能标志,都由句子中的各种信息决定;其中有一个因素就是深层的格身份,其他因素有主语和宾语选择过程的作用,有定性(definiteness),有生命性(animateness)等等。构成处所结构的名词还要考虑它是表示几维的实体。(参考 F1968:32 页,中译 35—36 页)

语言中可用作述谓成分的词条(不仅是实词,还有绝大多数连词)都可以按照跟它连用的各种格阵列(array)来分类,还可以按照它在句子中引起语法变化的能力进一步分类。(参考 F1968:27—29 页,中译 30—32 页)

底层表达式(underlying representation)中的嵌入句具有某个格作用。通过熟知的变化,嵌入句可能带上补语标志,可能变化成名词短语,它们可能有些成分被“提升”(promote)成为包含它们的那些大句子的成分,等等。(参考 F1968:28—29 页,49 页以下,中译 31—32 页,55 页以下。F1971b:254 页仅说嵌入句不能占据 Agent 格;F1968:28 页,中译 31 页,则认为嵌入句仅占 Objective 格。)

F1977a(62 页)说,当初认为深层格概念的优越之处是,词和句子的格结构描写提供了一个语言组织平面，在这个平面上将会发现词汇结构（lexical structure）和小句组织（clause organization）两方面的普遍的（universal）性质，而且在某种程度上，这种描写直觉地联系着人们对自己的语言中的句子所能表达的那些经历和事件的思考方式。

2.2 语义格及其应用

深层语义格是格语法解释语义和句法现象的基本工具，然而确定一张完整的格清单却是头等难题。Fillmore 从来不曾列出明确的清单，在不同的文章中，不仅深层格的数目不同，分合有别，连名称也经常变动，而且总有“及其他”之类的话。本节介绍他在几篇重要论文中所谈到的语义格，首先列出对应表，然后按表中的顺序简介各个格。

2.2.1 语义格表 表中前八个格按 F1971b 的层级顺序由高而低依次排列，该文没有提到或者没有明确其层级的格则排列于后。列入同一横行的格，其“名”虽可能有别，其“实”则多有相同之处（但范围未必相等）。F1971a、b 二文的格表大致相同，不同之处见下文的说明，此处不再分列。F1977a、b 二文没有列举格表，只在分析句子时偶举格的名称，其分析实例都见下文，此处附入仅供参考，而且不再分别。黑体字母部分是该名称的缩略写法。斜体名称表示文中对该格的处理有所迟疑。外加括号的是该文归入“情态”部分的格。

原名＼各文 译名	1966	1968	1971	1977
施事	**Ag**entive	**Ag**entive	Agent	Agent
感受			Experiencer	
工具	**Ins**trumental	**I**nstrumental	Instrument	
客体	**Obj**ective	**O**bjective	Object	**P**atient
源点			Source	Source
终点（附：使成，范围）		**F**actitive①	**G**oal	**G**oal, **R**ange①
处所	**Loc**ative	**L**ocative	**P**lace	
时间	（Time）	（Time）	Time	
行径			Path	
与格	**Dat**ive	**D**ative	分入 E,O,G 三格	
受益	（Benefactive）	***B**enefactive*	取消	
伴随	**Com**itative	***C**omitative*		
永存/转变		*essive/ translative*		

2.2.2　**深层格的标记**　F1966 认为深层格在深层结构中带有介词作标记。但是深层格的介词标记有时由用作命题核心的具体动词的特性来决定，如 blame（责怪）要求它的客体格用 for，与格用 on，跟普遍规则不同。深层的介词标记有时在转换过程中

① 使成（Factitive）和范围（Range）参看 2.2.7。

删去，不在表层出现。

F1968的看法跟F1966的看法相同。F1971b没有强调深层格在深层结构中带有介词作标记，而且认为还没有找到一个满意的方式来表示他所讲的那种句法结构。F1977a、b二文没有谈这些问题。

2.2.3 **施事** F1966认为施事具有生命性，用by作标记。F1968认为施事是动作的发动者，典型者具有生命，用by标示。F1971b说以前讲用by作标记是错误的，表层句子中施事格名词短语前的by最好由一条转换规则引入。

F1971b的一个重要更改是，认为有无"生命性"是各个格选择什么名词短语来充当才合适的问题，跟真正有关格的概念要分开。F1977a:65页进一步说明以前把有生命性定为施事格和与格的特征，使得句子中表示有生命物的名词短语必须归入此二格之一，结果就像Huddleston 1970(Some Remarks on Case Grammar)所批评的那样，The *man* died(那个人死了)和The *snow* melted(那些雪化了)两句的格关系不得不互异：前句man(人)是与格，后句snow(雪)是客体格。这是不合理的，所以应该把关系的概念跟范畴的概念分开。Fillmore认为深层格是关系概念，而充当某格的名物的性质(例如有无生命性)则是范畴概念。

2.2.4 **感受** F1971a、b二文开始使用此格，F1972中也提到这个格。F1971a说感受格是受到或接受或经历或遭遇某种行动影响的实体，以前曾叫作与格。

2.2.5 **工具** F1966认为命题中有施事格时，工具格用介词with；其他情况用by。F1968同，并认为工具格是动作或状态的起因,无生命。F1971b 认为工具格是事件的直接原因(immediate cause);对于表示心理的谓词说来,工具格则是引起他物反应的"刺激"(stimulus);小句可以用作工具格,表示产生一个后果(事件或状态)的事件。F1977a 认为此格是衍生概念,见下文 3.3.1.2。

2.2.6 客体 F1966 认为命题中别无他格时,或有工具格或施事格时,客体格用介词 of;其他情况用 with。F1968 认为最难寻求客体格的语义特点,它跟具体动词的语义有关,典型的客体格不带介词。

F1971b 认为客体格表示一个移动位置或经历变化的实体;跟以前各文一样,此格像是个"废纸篓"(wastebasket),收容杂例。小句作客体格时,可以表示心理事件的内容,例如跟表示判断或想象的动词连用时。

2.2.7 源点和终点 F1968 有"使成格"(Factitive),它表示动作或状态的产物,或者可理解为动词本身意义的一部分(见原文 25 页,85—86 页;中译 27 页,95—97 页);典型者无介词。

F1971a、b 二文采用"源点"和"终点"二格。F1971b 说明由于连用的述谓成分的类型不同,源点格和终点格可分别表示运动的起点和终点,变化前后的状态(或结果),时间的起点和终点(参看 2.3.3)。终点格表示行动或变化后的状态或结果,故可包括以前的"结果格"(Resultative)或使成格,即作为谓词所指的行动结果而出现的事物,例如 I wrote a *poem*(我写了一首诗)和 I constructed a *bridge*(我造了一座桥);小句用作终点格时,表示使成结构中的结果状态或事件。

F1971a 则把源点和终点规定为运动起止的处所,所以仍保留结果格(Result,简记为 R)。F1977b 又分出范围格(Range),参看下文 3.2.3 和 3.3.1.2。

2.2.8 **处所** F1966 认为处所格一般可据语义选用介词,但有时也有限制。F1968 认为处所格是动作或状态的处所或空间方位,包括方向;根据语义和名词的个性选用介词。

2.2.9 **时间** F1966 和 F1968 都倾向于把它归入情态部分。时间格是在 F1971b 中设立的,参看 2.4.6。

2.2.10 **行径** F1971b 设立行径格,但没有排列在格表之中,仅在格表末说明还有此格。参看 2.4.7。

2.2.11 **与格** F1966 认为某些情况下与格表示有生命物,例句中与格用介词 to。

F1968 认为与格是动作或状态影响所及的生物,典型者用 to。

F1971b 把以前的与格分散到其他格中。例如跟表示心理活动或心理状态的动词连用的归入感受格;跟表示(非心理活动的)状态变化的动词(如表示“死”或“生长”)连用的归入客体格;表示物体向一个人移交或运动时,那个人作为运动的归宿而归入终点格。

2.2.12 **受益** F1966 把受益格归入“情态”部分。F1968 只提到此名目(原文 26 页,中译 105 页),这个格跟介词 for 连用。F1971b 明言取消受益格,另行分析有受益结构的句子。参看 2.4.9。

2.2.13 **伴随** F1966 明确列出伴随格,例句中这个格跟介词 with 连用。F1968 中也提到了伴随格。但是显然跟一般的深层格不同，不是跟其他深层格并列受命题支配，而是在任何一个格关系之下的名词短语进行扩展时引入的一个成分。参看原文81—83页，中译91—93页。

2.2.14 **永存/变换** F1968在处理“N be N”这种名词谓语时提到这两个名称，见原文84页，中译94—95页。F1971b对这种类型的句子进行了讨论，见下文2.3.1。

2.2.15 **命题的基本类型** F1966(69文本366页)曾用该文的几个格描述命题的一些基本类型。由于他以后再也没有这样集中地罗列命题类型，现引录F1966的命题的基本类型如下：

(i) V⁀Obj⁀Dat John has a car.（约翰有一辆汽车。）[①]

(ii) V⁀Obj⁀Dat⁀Ag I gave John a car.（我给了约翰一辆汽车。）

(iii) V⁀Obj⁀Ag I bought a car.（我买了一辆汽车。）

(iv) V⁀Obj⁀Loc A coat is in the closet.（一件外衣在衣柜里。）

(v) V⁀Obj⁀Loc⁀Dat John has a coat in the closet.（约翰有一件外衣在衣柜里。）

(vi) V⁀Obj⁀Loc⁀Ag John put a coat in the closet.（约翰放了一件外衣在衣柜里。）

(vii) V⁀Obj The door opened.（门开了。）

---

① 本文在例句的翻译中为了尽量体现原句的格结构和语法关系，译文可能不太自然，特此说明。

(viii) V Obj Ins The key opened the door.(那把钥匙打开了门。)

(ix) V Obj Ag The janitor opened the door.(看门人打开了门。)

(x) V Obj Ins Ag The janitor opened the door with the key.(看门人用钥匙打开了门。)

(xi) V Obj Com John is with his brother.(约翰是跟他的哥哥在一起。)

(xii) V S John turned out to be a liar.(约翰原来是个说谎者。)

(xiii) V S Dat John thinks that he is too old.(约翰认为他太老了。)

(xiv) V S Dat Ag I persuaded John that he was too old.(我使约翰相信他太老了。)

(xv) V S Obj Ag I forced John to go.(我迫使约翰去了。)

F1968 利用格来分析谓词和句子的实例可参看中译，这里不赘述。其余各文的分析实例，下文专门介绍

2.2.16 主语选择原则(Subject Selection Principles) 主语选择原则是 Fillmore 利用格概念总结出来的重要规律。F1966 就有所叙述，F1968:33 页(中译 37 页)明确地总结出句子表层主语的常规选择，亦即无标异(unmarked)选择，跟格作用有下列关系：如果句子中有 A，A 为主语；如果没有 A 而有 I，I 为主语；如果无 A 无 I，O 为主语。并且说明有非常规选择；有些动词本身也

能决定用什么格作主语，例如有一些动词的格境（case frame）都是[－O＋D]，但是 please（使人喜欢）等用 O 作主语，like（喜欢）等则用 D 作主语（见原文 40 页，中译 46 页）。

F1971b（247 页）进而把格排成层级，说明在无标异的句子中，格层级最高的名词短语成为句子的表层主语。有一些述谓成分有自身词汇个性所决定的主语选择方式，进而还有语言提供的一些主语选择的变化方式，例如英语中的被动转换。

F1977a（61—62 页）说明有一些主语选择原则似属语言共性（language-universal），有一条可表述如下：如果施事被置入透视域（pers pective，详见 3.2.2），那么代表它的名词短语就必须是（深层）主语。（用于某些语言时，此条可以修改。）还有一些主语选择原则是特定语言的（language-specific），甚或特定词的（word-specific）。主语选择原则还有历史变化。

2.3　确定格的一些原则和方法

格语法的基本概念是深层格，深层格是给句子所描述的（真实的或想象的）情境中的各参与成分安排的语义和句法作用。F1966 和 1968 都提到深层格具有语义内容，而且规定句法表现。F1968 还对深层格的作用作了详尽的论证，却没有说明如何确定句子中名词短语的格身份，在列举和说明深层格时，只讲了语义内容，没有提到句法表现（见原文 24—25 页，中译 27—28 页）；而且一直没有确定全部格表。然而实践中出现的难题主要是如何确定深层格，所以 F1971b 和 1977a 这两篇格语法专论都不能不集中讨论鉴定深层格的原则和方法，这是格语法理论的一项重要内容。下面 2.3.1、2.3.2、2.3.3 是 F1971b（248—251 页）阐述的全部原则和方法(但他认为这些原则和方法相当模糊,不能不结合其他因素一起考虑);2.3.4 和 2.3.5 是 F1977a 对鉴定格角色(case role)的意见。

2.3.1　一句一例原则(one-instance-per-clause principle)

这个假定是,每一个小句中,任何一个格最多只能由一个名词短语(可以是并列短语)充当。发现例外时,就要注意下列几种情况,对句子重新进行分析:

第一种情况是,看起来好像是有两个同格的名词短语,其实最好分析为其中有嵌入小句。例如 John compelled his son to stab the usher(约翰逼迫他的儿子捅门房),好像 John 和 his son 都是 Agent。根据一句一例原则,应把上句看成复杂句。在仅用一个表层词项就表示出“compel to stab”(逼迫……捅……)这整个意思的语言中,这种分析方法就更不能忽略。(按:参看下文 2.4.4 和 2.4.5。)

第二种情况是,有时两个名词短语的格角色通常被认为是相同的,其实并不相同。例如 John resenbles Fred(约翰像弗雷德),表面看来 John 和 Fred 同格,可互换其位。其实二者格角色不同,第二个名词短语是用作一个标准,根据它来对第一个名词短语所代表的实体进行一种描写:这个句子是个判断,它说明 John 有一些可观察到的性质跟 Fred 的某些性质有关。所以有些名词短语(如表示周知的或不存在的事物的名词短语)可放在第二个位置,但不能放在第一个位置。例如下面句子中的两个名词短语就不能互换其位:That donkey resembles a unicorn(那只驴像只独角兽),John resembles a horse(约翰像匹马),或 John resembles his famous ancestor(约翰像他的出名的祖先)。

2.3.1.1 **F1972 对 resemble 的分析** F1972 把 Your brother resembles a horse(你弟弟像匹马)分析为 resemble(像)是带三个主目的谓词:your brother(你的弟弟)是“刺激”(stimulus),即工具格;a horse(一匹马)是“主体”(theme),即客体格;还有一个“感受格”,句子中未表达出来时,可意会为就是讲话者本人,意思大致是“你的弟弟使我想到了马”。

2.3.1.2 **NP 和格是否一对一** F1971a(376—378 页)说,看来有时谓词的一个主目不只具有一个角色;这可以说一些主目同时充任几个角色,也可以说是在某些情境中充任不同角色的主目必须(或可以)是同一个主目。于是像 rise(上升,起立)和 move(移动)这种动词有不及物用法,只带一个名词短语作补语(complement);这个补语可以仅指在向上运动的物体,也可以同时又指这一运动的引起者。例如,在仅说 smoke(烟)向上升起时,可以说 The smoke rose,在说 John(约翰)自己起身时,可以说 John rose。于是 rise 的格结构可画成

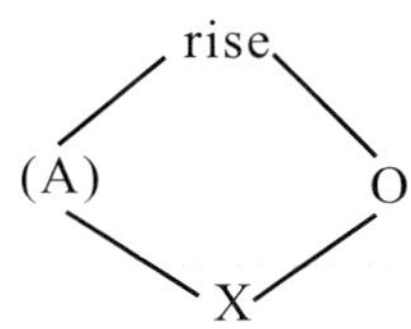

rise 有两条表示格的线,A 加上括弧是表示主目 X 可以仅用作 O,也可同时兼任 A 和 O。rise 跟 arise(起来)的区别在于后者的 A 是必用的,rise 跟 ascend(上升)的区别在于后者根本没有 A 这条线;它们跟 lift(举起)的区别在于后者需要两个主目。

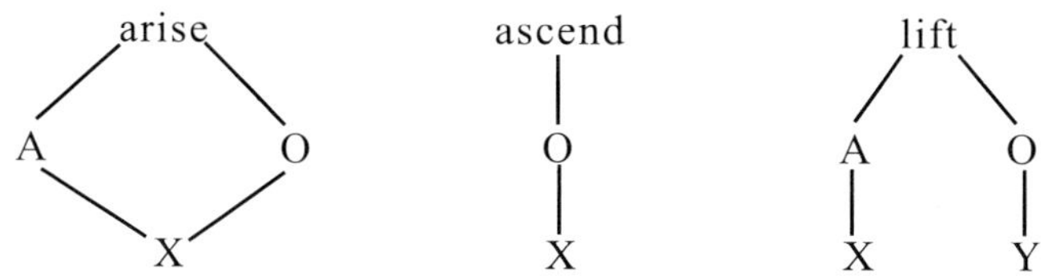

一个语言可编码的事件经常是，事实上不只容许一个人物主动地或施事性地参与。可是在这种事件的各个具体的语言表达式中，施事角色仅能给予其中的一个人物。像 buy(买)和 sell(卖)，或者 teach(教)和 learn(学)，这样的一对词中有(货物或知识的)源点和终点。在源点兼施事时，我们使用 sell(卖)和 teach(教)；在终点兼施事时，使用 buy(买)和 learn(学)。

Anderson1977(29 页)说，F1968(24 页)曾提出一个名词短语在一个小句中只能有唯一的一个格标签，因而在任何一个命题中，格和名词短语之间都有一对一的匹配关系。然而从 F1968 24 页(相当于中译本 27 页第 1 行至倒数第 4 行，并包括三个附注)，难以看出这个意思。只是 F1968(51 页，中译 58 页)第四章开头一段说命题中各名词短语都跟命题有一个单独的格关系，也许这可以理解为“唯一”的意思。不过 F1971a 就不排斥一个名词短语在同一个命题中同时承担几个格角色的讲法。

2.3.1.3 F1972 的两类语义角色 F1972 分析了两种功能：一种是几乎句句都有的格功能，一种是角色功能。例如 buy(买)、sell(卖)、pay(付)、dicker(交易)等词所描写的事件中具有的角色是顾客、商人、货物、交换物；accuse(控告)、criticize(批评)、forgive(原谅)、apologize(道歉)、confess(供认)、concede(承认)、justify(证明……正当)、excuse(原谅)等词所描写的事件中都有被告、判定者、行为、受害者等角色。

Fillmore 设想把跟谓词连用的主目的语义角色分为两个平面。例如,对于 buy 来讲,它有一个主目在一个平面上有顾客功能,在另一个平面上有施事功能;对于 sell 来讲,有施事功能的主目就是那商人角色,而不是顾客角色。这种想法在 F1977a、b 两文中得到了明确的阐述,详见下文。

2.3.2 语义功能的有穷性 这第二个假定是,如果遇到一个述谓成分,在句子的特定句法位置上跟它连用的名词短语直觉上可以看作有种种不同的语义功能,那么在给那些语义功能分类时,应该有一个自然的止境(stopping point)。下面举例说明此原则。

例如英语中每个句子都有主语,于是可以在主语位置上寻找格的变化。以形容词 warm(暖和)为例。感受格:I am warm(我暖和),是经受此感觉者;工具格:This jacket is warm(这件短外衣暖和),是用以使某人生此感觉之物;时间格:Summer is warm(夏天暖和),是使人经受此感觉的时间;处所格:The room is warm(这间屋子暖和),是使人经受此感觉的处所。

在分析别的述谓成分时,也能找到类似的(语义)功能表。例如形容词 sad(悲伤):John was sad(约翰悲伤),The movie was sad(这部影片悲伤)。前句中的 John 是感受者角色,类似 I am warm 中的 I,后句中的 movie 是引起某种感受的角色,类似 This jacket is warm 中的 jacket。这样就证明路子走得对头。其次,我们还要看一看把那些语义功能断为有区别到底有无"经验的"根据。这还要寻找别的证据,下面就是这种证据。

在表示比较的句法结构和并列结构中，应该使用同格的名词短语，这一点可以用来确定各名词短语的语义功能是否确有区别。对于 sad，可以对它的两个感受者用比较结构：John is as sad as Fred（约翰跟弗雷德一样悲伤）；对于 warm，可以对它的两个工具格用比较结构：My sweater is warmer than your jacket（我的毛衣比你的短外衣暖和）。但是下面的混合结构就不成立：* Lately I've been sadder than "Love Story"（* 近来我比"爱情的故事"要悲伤），* My jacket is warmer than Texas（* 我的短外衣比德克萨斯暖和）。并列结构也是这样：John and Fred ard both sad（约翰和弗雷德都悲伤），My sweater and your jacket are both very warm（我的毛衣和你的短外衣都很暖和）；但是，* John and the movie both became very sad near the end（* 约翰和这部影片在快结尾时都很悲伤），* My sweater and I are both nice and warm（* 我的毛衣和我都又好又暖和）。

2.3.3 互补原则(complementarity) 上文讲的那些假设是用来确定特定的谓词所带的名词短语是否分属不同的格，可以说是一些对比(contrast)原则。下面是互补原则。

在不同的句子中发现的一些语义功能有时是部分相同，部分不相同。但是不同之处是有规律的，关系到跟它们连用的那些词汇成分的语义性质的不同，这可以跟同一音位的不同变体之间的关系相比。例如表示运动的动词有运动的起点和终点：He went from the top of the hill to the cemetery gate（他从山顶走到公墓大门）；表示变化的动词有变化的前态和后态：He changed from a 96-pound weakling into a famous football hero（他从一个 96 磅的孱弱之人变成著名的足球明星)；表示时间阶段的动词有阶段的起点和终点：The pageant lasted from sundown until midnight(游艺会从日落持续到午夜)。可以把前者定为源点格，把后者定为终点格。根据述谓成分的具体类型分别解释为前后位置、前后状态和前后时刻。

但是要注意，我们可以说 He walked from the top of the hill to the cemetery gate(他从山顶走到公墓大门)，He walked from noon until sundown(他从中午走到日落)。如果我们根据这些句子就说动词 walk 可以或者跟时间的起点或终点连用，或者跟空间的起点或终点连用，那么就需要解释为什么它们不能全都出现在一个句子之中，为什么它们也不能混合在同一个句子之中：* He walked from the top of the hill to the cemetery gate from noon until sundown(* 他从山顶走到公墓大门从中午到日落)，* He walked from the cemetery gaet until midnight(* 他从公墓大门走到午夜)，* He walked from noon to the zoo(* 他从中午走到动物园)。

对于这些语言事实，我们只有两种办法加以解释：一种办法是增加格的数目，以便区分开时间的起点、终点和空间的起点、终点，说明它们在同一个小句中一同出现时有限制；另一种办法是把用 walk，swim，run，drive 等动词构成的句子分析为两种，一种指行为类型，可以用行为持续的时间来描述，另一种指运动类型，可以用运动的行径来描述(见下文 2.4.5)。

2.3.4 **F1977a 的阐述** 关于 Fillmore 在提出有关深层格区别的具体主张时所曾采用的种种论证方式，F1977a(63—64)页作了如下的综述：

第一种论证方式分成两个步骤。第一步要做的是，确认一个句子有歧义，而且它的歧义性不难解释——只不过是需要我们承认这个句子中有一个名词短语既可以理解为具有句子中的这个语义角色，又可以理解为具有句子中的那个语义角色。例如，I copied the letter（我抄了那封信）有歧义。为了看出这个句子有歧义，可以设想一个情境：你看见我的桌子上有一封信，而且看见我又抄了一份，然后听到我说 Point to the letter which I copied（请指出我抄的那封信）。如果你我讲的是同一种英语，你就不能肯定我说的是两封信中的哪一封。第二步，在该动词构成的一个句子中使用两个不同的名词短语，使它们分别具有先前那个有歧义的句子中的两个语义角色。动词 copy 就有这个性质，例如 I copied this from that（我从那封抄了这封），在 I copied the letter 中所曾注意到的两个语义角色恰好分派给两个不同的名词短语。有了这两步论证，便可相信这里确有两个不同的格角色，而非纯属含糊（vagueness）的缘故。

第二种论证方式也分成两个步骤。我曾提出，只要我们看到一个动词以一种特定的语法关系跟两类似乎迥然有别的名词搭配，而且那些名词在句子中似乎具有不同的语义角色，这时可能就涉及不同的格关系。在 My foot hurts（我的脚夹［得慌］）和 This shoe hurts（这只鞋夹［得慌］）两句中作主语的名词短语的可能情况就是这种例证。作为第二步，若能找到一个句子，使这两个语义角色在该句中由两个不同的名词短语承担，例如 This shoe hurts my foot（这只鞋夹我的脚），这样也就可以认为论证工作已经完成。

第三种论证方式则是从单一的词场(vocabulary field)中选取不同的表层动词,如成对的 rob(抢劫)和 steal(偷盗),buy(买)和 sell(卖);它们有相当的(或部分相当的)格结构,但造句时语法关系的安排方法不同。(按:作者对此未作进一步阐述,可参看下文对商务事件的讨论,也可看上文 2.3.1.2。)

2.3.5 鉴别格的困境和出路 F1977a(70—71 页)对鉴别格的难处作了如下的阐述:

确定格这个问题跟确定语言中的语音单位有某些相似之处。在英语中,因为 pie(馅饼)跟 buy(买)是不同的词,有理由认为音位/p/和/b/不同。但在 spy(密探)中就有问题:其中的塞音段究竟是/p/,是/b/,还是跟它们有别呢?资料本身并不能提供正确的答案。美国语音学者倾向于认为它是/p/;丹麦语音学者处理其本国语中相似的问题时,认为它是/b/;弗斯学派语音学者则会认为它是在系统上全然有别的单位;喜欢抽象的语音学者则可能把它跟/p/和/b/合为一个范畴,认为它有/p/和/b/的共性,而没有它们的个性。

在鉴别格时,也会出现类似的主张。John opened the door(约翰打开了门)中的 John 用作施事,This key opened the door(这把钥匙打开了门)中的 this key 用作工具。它们可以分别称为“间接原因”(indirect cause)和“直接原因”(direct cause)。断定二者有别是因为它们可以出现在一个句子之中:John opened the door with this key(约翰以这把钥匙打开了门)。Huddleston1970 提出:既然如此,那么在 The wind opened the door(风打开了门)

中怎样确定原因成分的格呢？这种情况就跟确定 spy 中的音位一样：或者把 the wind 归入施事；或者归入工具；或者归入“力量”(force)，跟施事和工具都不同；或者说有一个格特征叫原因(cause)，施事和工具共有此特征，the wind 有此特征，但没有把施事和工具区别开来的那个特征。正因为如此，还因为对句子类型的考虑不同，加上对“格结构”跟“语义结构”的吻合程度的主张不同，而且并非人人都逐一考虑各种可能的选择方式，所以大家提出的格表都不相同，最少的只有三个格，最多的几乎每一个表层格形式或每一类型介词短语都有一个不同的深层结构格。

为了摆脱困境，解决格的数目和变异这个难题，F1977a 在句子所描述的情境和句子之间不仅用格分析平面作联系，还增设了一个深层语法关系平面，详见下文“二期理论”。

2.4　实例和难题的分析

本节介绍 Fillmore 初期用格语法理论分析句子的实例和对疑难问题的处理，除 2.4.1 外，都是 F1971b 的内容。

2.4.1　hit(击)和 break(碎)的语法分析　F1966 跟 F1968 写作时间相距仅几个月，F1970 也是同期写成的文章，它讨论击打和破碎行为的语法问题，主要内容如下。

动词 break(破碎)有三个。break-1：The stick broke(手杖断了)。break-2：John broke the stick (with a rock)(约翰[用石头]把手杖弄断了)，其中 John 是施事格(agentive)或发动格(instigative)，有生命，rock 是工具格(instrumental)。break-3：A rock broke the stick(一块石头弄断了手杖)，无生命主语，不允许再用工具格短语。工具短语总是无生命的，如 The dog broke the stick(狗弄断了手杖),若指我们扔出狗打断手杖,则必须认为其深层结构中包括名词短语 the dog's body(狗的身体),其中 body(身体)无生命,充当工具。

动词 hit(击打)只有两个。hit-1:John hit the tree(with a rock)(约翰[用石头]打树),跟 break-2 相同,有生命的主语是施事,可以跟 with 短语连用。hit-2:A rock hit the tree(一块石头打中树),跟 break-3 相同,无生命的主语都是工具角色,不可以再跟 with 构成的工具短语连用。

为了不把 break 分成三个动词,不把 hit 分成两个动词,可以把上面句子中的 the stick 这个名词短语标为 X,把有施事关系的名词短语标为 agent,把有工具关系的名词短语标为 instrument。不用深层结构主语和宾语的概念,而用转换规则引入表层主语和宾语。这样就可以说 break 需要一个 X,还允许有 agent 和 instrument 二者之一,或二者都有:若仅有 X,则指 X 的名词短语必须是主语;如果有 agent,则 X 作直接宾语,agent 作主语(不考虑被动句);如果有 instrument,则在无 agent 时,instrument 作主语,在有 agent 时,则 instrument 在句末,带有介词 with。可以把 break 标为:(agent)(instrument) object,括弧中的成分在句子中可有可无。这一类动词有 bend(弯曲)、fold(折叠)、shatter(粉碎)、crack(爆裂),可称为表示状态变化的动词。同样,可把 hit 标为:(agent)(instrument)place,交叉括弧表示两个括弧中的成分至少要有一个。这一类动词有 slap(拍)、strike(打)、bump(撞)、stroke(击),可称为表示表面接触的动词。

两类动词的区别在于:第一,比较 I hit the window with a

hammer;it didn't faze the window,but the hammer shattered(我用锤子打窗户；没有弄坏窗户，锤子倒损坏了）和* I broke the window with a hammer; it didn't faze the window, but the hammer shattered(* 我用锤子打碎了窗户；没有弄坏窗户，锤子倒损坏了）。根据这一点可以把表示表面接触的动词所带的 X 标为 place，把表示状态变化的动词所带的 X 标为 object。第二，可从状态变化动词派生“静态形容词”(stative adjective)，表示事后的状态，例如 broke(碎的)、bent(弯的)；但不可从表面接触动词中派生这种形容词。第三，用表示身体某部分的名词作 object 和 place 时，表面接触动词可用物主为直接宾语，用表示身体部分的名词构成处所介词短语，例如 I hit his leg(我打他的腿)和 I hit him on the leg(我打在他的腿上)，比较 I broke his leg(我弄断了他的腿)和* I broke him on the leg(* 我弄断他在腿上)。

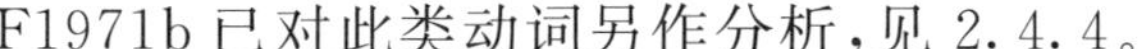

F1971b 已对此类动词另作分析，见 2.4.4。

2.4.2 原因链(chain of causation)(F1971b:252—253 页) 世间有许多事件有一连串的起因，而英语简单句的语法只允许述及主要原因和直接原因，不允许叙述这两种原因之间的其他原因成分。Donald Davidson 有一例说明这一点。一人挥棒击球，球穿过空中碰到一个窗子，结果窗子破碎。在描述这个事件时，英语的简单句只能说 The man(=A) broke the window(那人打碎了窗子)，The baseball(=I) broke the window(棒球打碎了窗子)，The man (=A) broke the window with the baseball (=I)(那人用棒球打碎了窗子)；不能说* The bat broke the window(* 球棒打碎了窗子)，* The man broke the window with the baseball bat(* 那人用球棒打碎了窗子)。

2.4.3 施事和工具(F1971b:253—254页) 不是由人所控制的现象可以定为工具格(I),若定为施事格(A),则有下列问题:若把表示神的行动或自然变化的名词短语定为A时,它在有I的句子里或者在有作I解释的by小句的句子里(按:关于带工具性by小句的句子,参看2.4.4),却不能出现。例如* Air pollution killed my petunias with cyanide(* 空气污染用氰化物弄死了我的牵牛花),* The thunder frightened the cattle with lightning(* 雷用闪电吓坏了牛)。这样就使A可与I连用的规则出现了例外。若分析作I,即无此问题,而且能跟有A控制它们的情况(如神或人支配某些现象,如人工降雨,细菌战)统一起来。此外,许多表示自然力的名词短语可被认为是从一个句子演变(derive)来的,把它们分析为I,就不会违背句子不可作A的规定。也不需要另立一个“力量”(force)格,因为它跟A或I在出现方面并不造成对比。

这样,旧文(参看F1968:28页,中译31页)cause(造成)带A的看法有误。在The glare of the sunlight caused the accident(耀目的阳光造成了事故)和The accident caused the revolution(事故造成了革命)中,主语都是I,参看2.4.4。

2.4.4 因果事件(F1971b:254—256页) 这里主要分析有“击打”意义的动词hit和strike,有“推压”意义的动词push, shove。在John hit the fence with his cane(约翰用手杖打栅栏), John hit his cane against the fence(约翰击杖于栅栏),John pushed against the wall with his cane(约翰以其杖推于壁)三句

中，John是A，被推击的fence和wall并不运动，若把它们定为G，cane是O，那么在下列句子中情况有所不同，被推击的ball和table产生了运动：I hit the ball over the fence（我击球过栅栏），I pushed the table into the corner（我推桌子到墙角）。这时要么需对动词作另外的分析，要么就得说ball和table有双重身份G和O。后一种分析需承认全句是由两个小句构成的一种因果复杂句（既非两个小句复合，又非一个小句嵌入另一个小句）：小句i是I hit the ball（我击球），ball是G；其后果是小句ii：The ball went over the fence（球越过栅栏），ball是O。在深层形式中，两个小句嵌入一个较高的谓词之中。该谓词有似cause（造成），表述事件的因果关系：小句i作工具，表示直接原因，小句ii作终点，表示结果状态。这种分析所需要的从深层到表层的转换十分复杂，必须把My hitting the ball caused it to go over the fence（我的击球使球越过栅栏）变成I hit the ball over the fence，即用三个动词hit，cause和go构成一个词项hit，其语义结构有如“by hitting cause to move”（通过打击使运动）；同样，push则可代替“by pushing against cause to move”（通过推动使运动）。

2.4.5 运动及其方式（F1971b：257—258页） 这个问题跟上一节类似，可以研究一下有关移动及其方式、手段、工具的动词float（漂）、ride（骑行）、swim（游）、slip（滑行）等。从语义上看，有理由把这些动词构成的句子所表示的运动和方式这两个方面分开处理。例如在英语中，May I swim'in？可用来问可不可以进入小溪所流入的某个山洞，而May I'swim in？则可用来问可不可以在洞内游泳（已可进洞）。没有这种双重意思的动词，如go（去）和

come(来),则不能如此改变重音的位置,只能说 May I come'in? 当 swim 单纯表示移动时,跟纯表移动的 come 重音位置相同,这时 swim 可分析为语义复杂的结构,有如“by swimming go”(通过游泳去),表层重音在 in。支配这样两个小句的较高谓词还可以用静态动词 cause(如在 Susan's screaming caused Fred to drop the tray[苏珊的尖叫使弗雷德掉了盘子]一句中 cause 即为此义),把方式小句嵌入 I,把移动小句嵌入 O。(对于 hit 和 push,则把移动小句嵌入 G,它表示工具小句的行为所造成的后果。)还需要用词汇规则把“move by swimming”代之为“swim”。又,若采用这种看法,则 kill(杀死)是由语义结构“by doing something cause to die”(通过某行动使死)合成的。

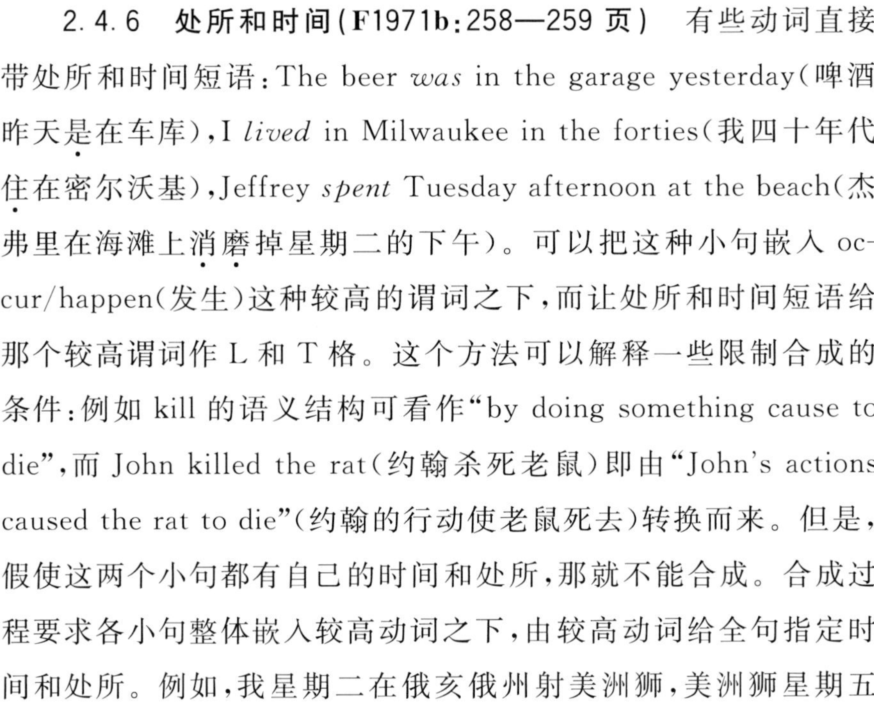

2.4.6 处所和时间(F1971b:258—259 页) 有些动词直接带处所和时间短语:The beer *was* in the garage yesterday(啤酒昨天是在车库),I *lived* in Milwaukee in the forties(我四十年代住在密尔沃基),Jeffrey *spent* Tuesday afternoon at the beach(杰弗里在海滩上消磨掉星期二的下午)。可以把这种小句嵌入 occur/happen(发生)这种较高的谓词之下,而让处所和时间短语给那个较高谓词作 L 和 T 格。这个方法可以解释一些限制合成的条件:例如 kill 的语义结构可看作“by doing something cause to die”,而 John killed the rat(约翰杀死老鼠)即由“John's actions caused the rat to die”(约翰的行动使老鼠死去)转换而来。但是,假使这两个小句都有自己的时间和处所,那就不能合成。合成过程要求各小句整体嵌入较高动词之下,由较高动词给全句指定时间和处所。例如,我星期二在俄亥俄州射美洲狮,美洲狮星期五死于伊利诺依州，就不能说我在俄亥俄州/伊利诺依州，或者星期二/星期五“kill”美洲狮。只能说 I killed a cougar in the Middle West last week（我上周在中西部杀死一只美洲狮）。

2.4.7 表示运动的句子（F1971b：259—261 页） 除了源点和终点以外，Bennett 1970 提出叫作行径（path）的补语：He walked from the cemetery gate to the chapel *along the canal*（他沿着运河从公墓大门走到教堂）。句子中的行径短语可以无穷，只要它们能连成一条途径即可：He walked down the hill across the bridge through the pasture to the chapel（他走下山来，过了桥，穿过牧场，到了教堂）。T/L 格也有这种情况：He was sitting under a tree in the park on a bench Tuesday afternoon about three o'clock（他星期二下午三点钟左右坐在公园里一棵树下的长凳上）。这种句子中，虽有若干处所短语和时间短语，但它们联合起来只说明了一个地点，一个时间，并不违反一句一例原则：可以在深层把需要联在一起的各处所短语用关系从句嵌入和连接等手段结成一体；各时间短语可同样处理。但是多短语的行径补语却不能这样办。

表示时间阶段和空间距离的短语似乎把源点和终点合并成一个“超格”（hypercase）：可以说 He lived there from March until September（他从三月到九月住在那里）和 He lived there for five months（他在那里住了五个月），但却不能把它们合成一个简单句：* He lived there from March for five months. 同样，对于距离：可以说 He walked from Palo Alto to San Jose（他从帕洛阿尔托走到圣何塞）和 He walked thirty miles（他走了三十英里），但

不可说* He walked from Palo Alto thirty miles。这对格语法理论是个难题。还可能有包括 A 和 I 的超格。

2.4.8 一些介词的选择(F1971b:260 页) 讨论 at、on、in、to、onto、from、off、of、out of、via、across 等等介词的选择。根据上文讲的那些对比原则(见 2.3.1 和 2.3.2),若以 to、onto、into 为例,它们都表示 Goal 格;因为它们不能跟别的表示 G 的短语同用于一句之中。然而,若根据它们的表层形式使用互补分布原则,却不能证明它们可归为一位;因为它们的表层分布并不互补,例如可说 at/on/in the corner,或 from/off/out of the corner。于是,若想保留下分布互补原则来解释具体介词的选择,并且想把我们直觉上愿意归为一位的几个介词说成是同一个格的标记,就只好说跟它们连用的名词即使在表层是同一个词(按:例如 corner),但在深层结构中却互不相同(按:即在深层分为 $corner_1$,$corner_2$,等等),从而决定了到底该使用哪一个介词。

2.4.9 取消受益格(F1971b:261 页) 受益结构仅在有施事的句子中出现(可参看 F1968:26 页,中译 105 页),而且其施事行为被认为是有意并且自愿地进行的。把受益格列入格表之中,就需要有一系列羡余原则处理格的选择,还要在格系统中加上对有意或自愿行为的说明,并不理想。于是重新处理如下。

John did it for *me*(约翰为我做了那件事)中有三个基本概念:有一个人 John,他做了某事,是施事格;他的行为或“奉献”(offering)——即 John did it——是客体格;“方向”(direction)亦即那一行为(或奉献)的接受者 me,是终点格。这就是把句子分析成高低两层:把为某人做出的行动作为嵌在客体格下的小句,这时施事格的必用性可由嵌入环境来说明，而意志性则可放到较高句的动词的语义结构之中；满足这个格境和语义条件的动词是give（给）/offer（提供）。为此需要设置一个表示“给予”的抽象动词，用合成原则把I give you（I do it）变成I do it for you（我为你做那件事）。有些语言（如汉语官话和一些西非语言）不发生合成过程，表层就跟上面设想的那个深层结构相同。（按：Fillmore这里是把I do it for you跟汉语“我给你做事”相比）

2.4.10　心理动词的原因和内容（F1971b：261—262页）　I imagined the accident（我想象过这个事故）中的accident（事故）是O，表示一种心理过程的内容。The noise frightened me（那响声吓着我了）中，noise（响声）是I，I是心理事件中引起反应的刺激或情境，有时跟O一起出现：The noise reminded me of the accident（那响声使我想起那个事故）。但对于一些句子，这样分析不行：John loves Mary（约翰爱玛丽）中，Mary是John感受的原因还是内容？fear（害怕）跟frighten（吓唬）的区别仅仅在于后者要用心理移位（Psych Movement）呢，还是在于除了感受格以外，前者另有一个O格，后者另有一个I格呢？说I used to fear the devil（我一向害怕魔鬼）时，跟说The devil used to frighten me（魔鬼一向使我恐惧）时，心理是相对的，完全不同。这些都是未解决的问题。

3. 二期理论

Fillmore的初期格语法理论仅靠格角色这个平面把句子所

描述的事件跟句子联系起来,直接用格去解释句子的语义和句法现象。这种方法比较简捷,可是一旦用来全面、细致地描写自然语言,却遇到不少问题,特别是格的数目和变异这个难题十分棘手,于是出现了二期理论。

Fillmore 的二期格语法理论比初期理论复杂得多,为了有助于理解下文,这里试作简单的概括:

句子描述的是场景(scene),场景中的各参与者承担格角色。通过透视域(perspective)的选择,一部分参与者进入透视域,成为句子的核心(nucleus)成分,每一个核心成分都带有一个(深层)语法关系(grammatical relation)。其他参与者不一定能进入句子,即使出现在句子中,也只能成为句子的外围(periphery)成分。这样,每一个句子就有格角色和语法关系两个分析平面,这两个分析平面把句子跟它所描述的场景联系起来,解释句子的语义和句法现象。F1977a、b 两文所说的语法关系是主语、直接宾语和间接宾语,没有提起关系语法学者所讨论的旁格宾格(oblique object)等。

下面依据这条主线来重新组织 F1977a、b 两文有关格语法的内容,首先讲他为什么要修改初期理论,然后再讲二期理论的具体内容。先讲场景,再讲透视过程,然后用一个典型的例子具体说明这两项内容,最后讲二期理论对几个重要问题的处理。

3.1 修改初期理论的原因

F1977b(93—94 页)对格语法思想的发展和演变做了如下的回顾:

在写 F1968 时,曾把句子的语义表示成比深层结构更深的形式，标出实体在一个情境或事件中所能承担的 Agent、Patient、Instrument、Goal、Experiencer、Location 等角色（按：F1968 一文实际使用的名称跟 F1977b 所说的不同）。文中称那些角色概念为深层格，并给它们确定了一个层级，还有一些原则称为主语选择法则。文中断言任何小句都能表示为指一个事件或情境的性质的动词，连同一批表示各实体的带着格角色的标记的名词短语。文中期望能由主语和直接宾语的构成法则来提供句子在表层平面的主语和宾语结构。那些主张是给句子安排一种语义平面或概念平面上的组织方式和一种表层结构平面上的组织方式，但是在这两个平面之间没有一个相当于乔姆斯基的深层结构概念的中间平面。

S. Anderson(1971)指出，有一些普遍语义规律，只能在深层结构平面上给予简明的总结，因为它们需要使用深层结构的主语和宾语的语义功能。同一时期，P. Postal 和 D. Perlmutter 二人，还有 D. Johnson，提出一种关系语法，以底层结构中的主语、宾语、间接宾语等语法关系为原始的(primitive)语法关系。其他学者，特别是E. Keenan 和 B. Comrie，提出了一些类型学原则，还有许多属于语言共性的句法变化和语法规则上的制约，主语、宾语和间接宾语概念对它们都有重要的作用。

Fillmore 考虑到这些研究成果，觉得有必要重新引入有如深层结构表达式的概念，至少也要用一种特定的方式给底层谓词分配主语和宾语。

3.2 二期理论的重要概念

3.2.1 场景 F1977b(84 页)说意义是联系着场景的。这里的"场景"一词指视觉形象，还指任何一个具有一体性的独立的知觉、记忆、经历、行动或物体。有一些场景是由别的场景组成的；有一些场景则不可分解，只能通过指示或经历去认识，不能加以解释。这个观点是说，我们的语言中有很多词和短语只有预先知道某种别的东西才能理解它们，而那种别的东西可能是不可分解的。如果你知道鸟是什么样子，那么我就能指出一个原型的(prototypic)鸟的某个部分，并且告诉你哪一部分称为鸟的 beak(鸟嘴)。若想理解 wink(眨眼)，crawl(匍匐)，sneeze(打喷嚏)，yawn(打呵欠)等动词的意思，就必须了解身体，特别是人的身体，必须知道可以用身体来做什么事情，身体内部能够发生什么事情。为了理解 heartburn(烧心)，就必须具有某种身体经历；为了理解 déjà vu(似曾相识)，就要具有某些心理经历。一个人在理解一段话语时，碰到一个他理解的词时，就可以认为那个词引发(activate)了一个场景，而且指示出那个场景的某个部分。beak(鸟嘴)引出一个鸟的场景，而且确定了那只鸟的一个特殊的部位。

"场景"不仅仅是静态的。有多种动词，还有那些指暂时状态的形容词，它们的语义集中于某一个过程的一个时期或阶段。但是那一个时期必须理解为一个更大的场景的一部分。这好像我们在观看一段电影胶片中的一个画面，而胶片的其余部分(或其中的一部分)，总归要大略进入我们的视域。

F1977b(86 页)说，一个词或一个短语或一个句子或一段话语，都确定一个场景，它突出或强调那个场景的某一部分。一个场景在多少个平面上加以确定都可以；例如，一个事件可以被看作是由一批次级事件组成的，也可以被看作是某个更大的事件或情境的一部分；这些都可以叫作场景。有时可以说我们已有一个现成可用的场景，它是由我们的一般知识、记忆、想象和时下存在于我们意识之中的一切东西所组成的；有时可以说我们在重建一个场景来理解我们读到的或听到的东西。

F1977b(87 页)说，一个现实世界的场景是根据它与某个范式(paradigm)或原型(prototype)的大略场景的近似程度来感知的。原型场景可被认为是来自一些简单的世界，那些世界的性质无疑并不包括现实世界中的全部事实。原型场景说明的是最明确的情况，最好的事例。可是我们使用语言时，往往需要使用引发原型场景的词语，即使我们是在谈论跟原型不同的事物。

F1977b(92 页)说，我们从话语中重建的场景，部分是根据话语中的词汇或语法材料，部分是根据理解者本人的想法，那些想法来自他对当前语境的知识，对普遍世界的知识，还有他对讲话者意图的设想。

F1977b(92—93 页)说，在描写一种语言的作用方式时，我们所需的词汇信息不仅包括相关场景的性质的信息，还包括可以使用该词项的那些句子的语法形式信息。具体地讲，如该词项是个动词，我们就需要知道在跟它相联系的场景之中，在数目可能很多的一些实体中，哪一个要被表现为动词的主语，哪一个要成为直接宾语(如果有直接宾语的话)，其余实体将具有什么语法形式。

F1977a(72 页)说，语义是联系着场景的。而整个格表并不等于分析任何状态或事件时所需要的概念的总集。在格语法所建议的分析系统中，有一个格是施事格，它指事件中的一个主动参与者的角色;然而事件所能具有的主动参与者的数目却不受限制。例如商务事件有两个不同的人物都是施事,要想理解一个描述商务事件或它的某个方面的词条,这两个人物的行动就都要理解。而这里想说明的是,一个格境却只描述情境的一个特定的部分,并不需要囊括它的一切方面。

3.2.2 **透视域** F1977b(87 页)说,在一段话语的任何一处,我们都是从一个特殊的透视域去考虑一个场景;也不妨说,整个场景都在考虑之中时,我们只是集中注意那个场景的某一部分。

F1977a(72—74 页)说,商务事件有两个个体,买主交款收货,卖主交货收款。完整地描述商务事件需要确定买主、卖主、款项和货物,甚至连款项还有必要进一步分析为现金和价值两种提法。一个原型商务事件包括这一切,但是我们谈这种事件时所用的单个小句要求我们对事件选择一个特殊的透视域。表示商务事件中任何具体方面的动词都要我们把事件中的一个或几个实体置于透视域。在英语中,这种选择就表现为选出对应于底层主语和直接宾语概念的语法功能。例如,想把卖主和货物放入透视域,就用动词 sell(卖),想把买主和款项放入透视域,就用动词 spend(花费),如此等等。

语义学研究的是话语所产生或引发的认知场景。例如,每当讲话者使用关乎商务事件的任何一个动词时,商务事件的整个场景就发挥作用,然而选用的具体动词给场景加上了一个特殊的透视域。这样,任何人听见并且理解了他说的某一句话时,心中就有一个场景包括商务事件的全部必要方面,然而只有事件的某些方面被确定下来并置于透视域。场景的其他成分的信息也可能包括进来，成为句子的非核心成分。

处理概念上必需而表层可以不用的句子成分，典型方法是说那些成分存在于深层结构，在表层结构中被删略或用了零形式。若用语义联系着场景的观点，那么在理解句子时需要的东西就不必都出现在句子的底层语法结构之中。看来更好的讲法是说 buy（买）或 pay（付[款]）这样的词引发商务事件场景；凡是理解该词的人都知道这样一件事的各个成分和方面。在讲话者掌握的那个动词的语言知识中，有一部分就是知道有哪些语法方式可以把事件的各方面表现为话语形式。

任何一个谓词，它的每一个用法都有一个给定的透视域。表示置于透视域的实体的名词短语，它们的语法功能部分地决定于深层格层级之类的东西。场景的其他部分可以用介词短语、各种状语和从句引入。句子的"环境性"（circumstantial）成分也是场景的某些方面，但不一定是某个类型的情境所特有的。因为任何事件都发生于一定时间，所以任何一个表示事件的句子都可以有一个时间状语。因为许多种事件都发生于具体的场所，表示那些事件的句子就可以有处所状语。如此等等。

再考虑击打行为的场景：一个人拿着一个东西，使它骤然触及他物。这种场景很容易用上格那样的概念：行动者是 agent，他所控制之物是 patient，受控物行动的对象是 goal。英语中描述这种场景的动词 hit 和 beat 有两个透视域可用：一个是 A 和 P，如 I hit the stick against the fence（我击杖于栅栏）；一个是 A 和 G，如 I hit the fence with the stick（我以杖击栅栏）。二者可以表示同一个事件，但是透视域不同。进入透视域的成分成为句子的主语和直接宾语，是句子的核心成分。句子的核心成分不同于句子的必用成分。例如前面两句中，第一句的介词短语必用，不可省去，但它不是核心的一部分。

但是，对于这同一个场景，hit 还有一个透视域可用，即只用 P 和 G，不用 A，而 beat 则不允许 A 不置于透视域：The stick hit the fence（杖击栅栏），但* The stick beat the fence。而动词 knock 又有不同，概念上同样需要这么几个参与者，但仅 A 需要置于透视域：He knocked on the door with his fist（他以拳击于门）。

3.2.3 商务事件的分析和图示 F1977b（102—109 页）以商务事件为例详细图示他对场景、透视域和语法关系的初步设想，全部内容如下。

商务事件的原型场景中的成分是买主、卖主、（移交的）货币和（移交的）货物。我们把商务事件原型场景看作如下的场景：卖主出售本人所有物，而不是出售他人所有物；买主付款，而不是为卖主服务或做好事作为酬报；交易的是货物，而不是劳务；行为一次完成，现款交易，并无赊欠。以 Harry 花 60 元买一只小狗的场景为例。对这一事件有一些可说的话是：

Harry bought the puppy.（哈里买了那只小狗。）

Harry bought the puppy from Mr. Smith.（哈里从史密斯先生那里买了那只小狗。）

Harry bought the puppy for ＄60.（哈里以 60 元买了那只

小狗。)

Harry bought the puppy from Mr. Smith for \$60.（哈里以60元从史密斯先生那里买了那只小狗。)

Harry bought the puppy with the \$ 60 that his mother gave him.（哈里以他母亲给他的60元买了那只小狗。)

Mr. Smith sold the puppy.（史密斯先生卖了那只小狗。)

Mr. Smith sold the puppy to Harry.（史密斯先生卖了那只小狗给哈里。)

Mr. Smith sold the puppy for \$ 60.（史密斯先生以60元卖了那只小狗。)

Mr. Smith sold the puppy to Harry for \$ 60.（史密斯先生以60元卖了那只小狗给哈里。)

Mr. Smith sold Harry the puppy for \$ 60.（史密斯先生以60元卖给哈里那只小狗。)

Mr. Smith sold Harry the puppy.（史密斯先生卖给哈里那只小狗。)

Harry spent \$ 60 on the puppy.（哈里花了60元买了那只小狗。)

Harry spent \$60 for the puppy.（哈里花了60元买了那只小狗。)

Mr. Smith charged \$ 60 for the puppy.（史密斯先生要了60元卖出那只小狗。)

Mr. Smith charged Harry for the puppy. (He didn't give it to him.)（史密斯先生要哈里付钱买了那只小狗[他不是把

狗送给了他]。)

The puppy cost \$ 60.(那只小狗要价60元。)

The puppy cost Harry \$ 60.(那只小狗花费了哈里60元。)

Harry paid for the puppy. (He didn't get it free.)(哈里付款买了那只小狗[他不是白拿了狗]。)

Harry paid Mr. Smith for the puppy.(哈里付款给史密斯先生买了那只小狗。)

Harry paid \$ 60 for the puppy.(哈里付款60元买了那只小狗。)

Harry paid Mr. Smith \$ 60 for the puppy.(哈里付给史密斯先生60元买那只小狗。)

Mr. Smith priced the puppy at \$ 60.(史密斯先生定那只小狗的价格为60元。)

图示方法如下(见图1—图9):

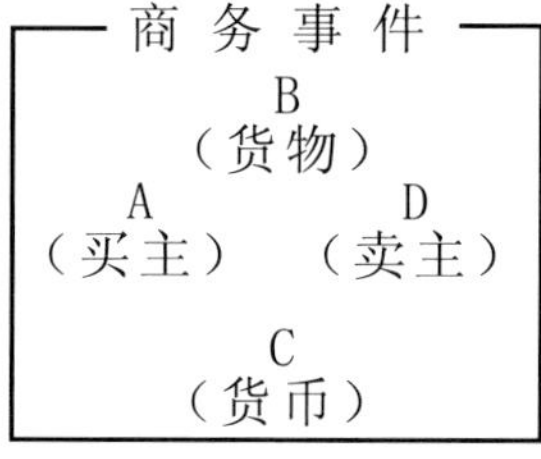

(图1)

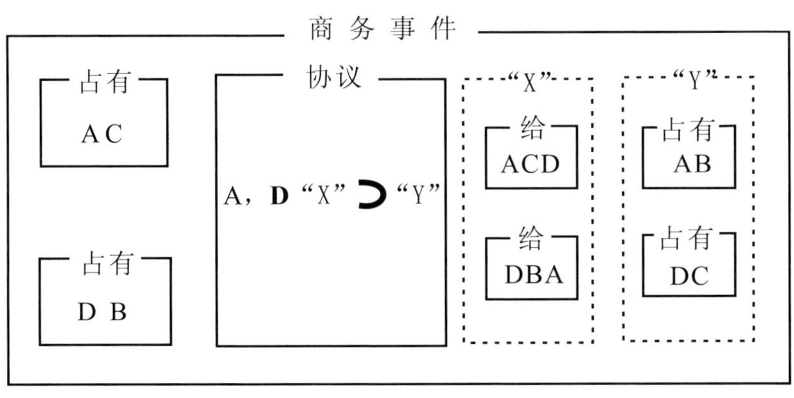

（图 2）

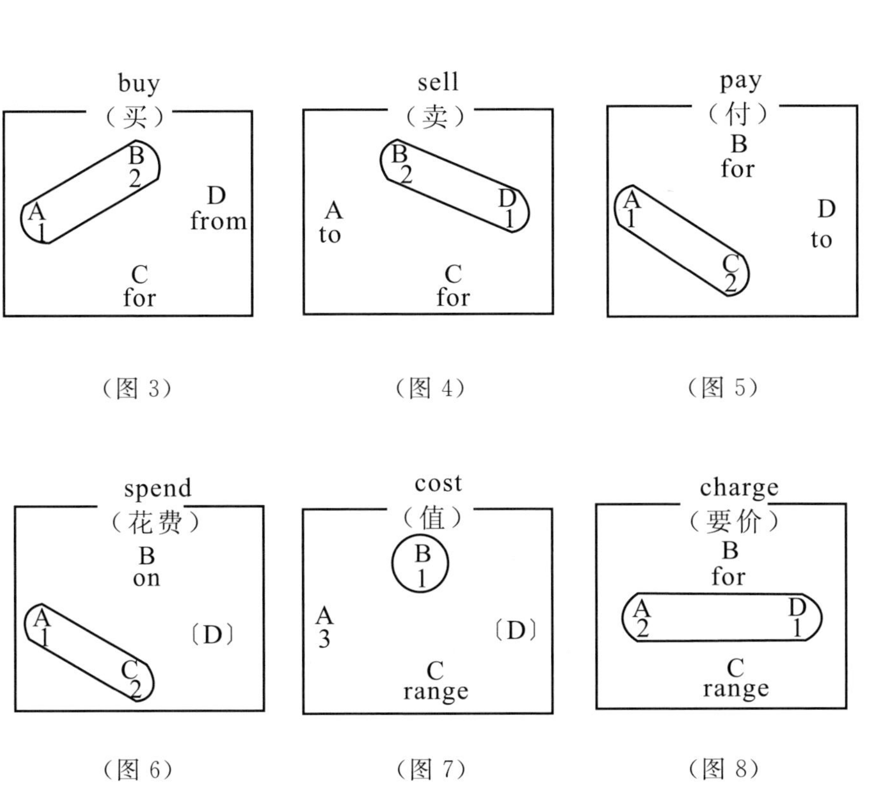

（图 3）　（图 4）　（图 5）

（图 6）　（图 7）　（图 8）

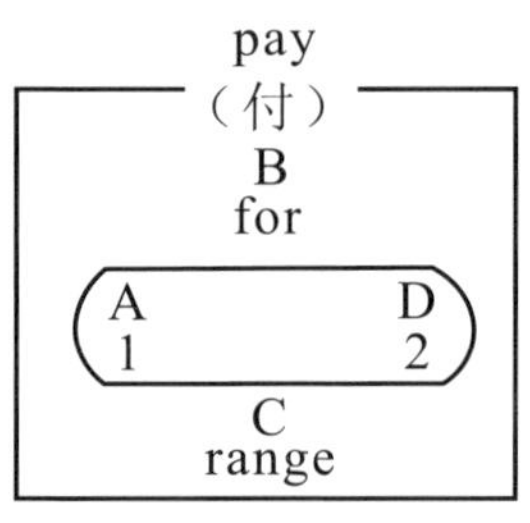

（图 9）

图 1 表示整个商务事件。图 2 表示图 1 的分析或展示，图中方框从左到右的次序表示时间的变化，竖直排列在一起表示同一时间。A 和 D 分别表示买主和卖主：B 是货物；C 是货币。图中表示在一段时间里 A 占有一定量的货币 C，D 占有 B：A 和 D 达成协议[①]，他们之间交换上述物品以后，所有权就发生了转移。在下一段时间里，A 把货币 C 给 D，D 把 B 给 A。在最后一段时间里，A 占有货物 B，D 占有 C。

图 1 和图 2 对透视域的情形毫无反映，它们表示的是场景的图式(schema)，而非某语言形式的语义。方框上的标签表示的是场景，那些场景或者需要由经验直接获知，或者需要由这里画出的对它们细加分析的图解来解释或定义。

用图 2 这个较大的图解作为商务事件的一种定义，就可以把图 1 理解为商务事件整个情境的一个图式，按照定义中诸场景的各参与者的角色，把参与者确定为 A，B，C，D。在图 3 到图 9 的各图解中，场景中被置于透视域的部分用一条曲线圈出；语法关系用数字 1 和 2 标出；可被表示为动词的补语的外围成分用相应的

① 原书 D 误作 B，图 2 中“协议”方框中的 D 亦误作 B。——译者

介词标出；在用方框上的标签作主要动词构成的一个简单小句中不能容纳的场景成分放在方括弧中。必须用作间接宾语的 Goal 成分用数字 3 标出。（按：图 7 用 3 来标 A 可说是采用传统语法的[表层]分析方法，但没有用曲线圈起来则令人不解。F1977a：60 页明确地讲间接宾语是核心语法关系，F1977b 也无异说，但在具体分析时，有意无意地未考虑间接宾语，使人想起他当初对待受益格的态度。）

这些图示当然是一种通俗、方便的表示方法，所以能够把词汇差异颇为直接地表现出来。复杂情况很多，但是通过这种方法可以看出那些复杂情况是什么。其中有：定义那个较大场景的必要性（其中有时间关系清楚这一条）；必用成分和选用成分之间的区别；核心成分和非核心成分之间的区别；核心成分的语法关系；外围成分的语法标记。还有这里不大明显的东西，即这些场景中不可或缺的其他场景的某些方面，或者这里所表示的词项涉及一个更大的场景时的种种方式。

F1977b 还对这些词条和它们所表示的场景进行了细致的剖析，比如指现款跟指金额时介词有无区别，交易行为是一次完成还是多次完成，如此等等。那些分析已进入词义分析和语言认知的范围，这里从略。

3.3 二期理论的中心问题

F1977a（73 页）说，格理论的新问题就成为：对情境的参与角色要有哪些了解才能知道哪一个角色或哪一些角色可以进入透视域；在已经进入透视域的角色中，哪一个要作主语，哪一个要作直接宾语。

F1977b(94 页)说,在场景和能够引发那些场景或者能够为那些场景所引发的小句之间存在的关系之中,有两个问题需要明确。第一个问题是“一个场景中的哪一个实体在与该场景相联系的句子中表现为核心成分”,亦即“什么东西进入核心”。第二个问题是“当一个场景有两个或更多的成分在与该场景相联系的句子中表现为核心成分时,有无普遍原则来决定哪一个是主语(或第一项),哪一个是宾语(或第二项)”(这里未考虑间接宾语,或称第三项),亦即“什么东西决定核心中各项的级别(ranking)”。

F1977a(80 页)对这两个问题明确回答如下:决定什么样的参与者应该进入透视域的是显要层级(saliency hierarchy)之类的原则;决定怎样给置于前景(即置于透视域)中的名词短语分派语法功能的是格层级那样的原则。

对于第一个问题,F1977b(101 页)说,看来把名词置于句子核心还是留在句子外围一事的指导因素(至少有一部分)与其说是对于行动本身的什么理解,不如说是对于整个行动的显要性的认识,或者对于场景中存在的某些使场景的某一部分特别值得重视的特殊实体的显要性或重要性的认识。这里一定还有某种偶然的历史因素在起作用。

对于第二个问题,F1977b 则采用了不同的讲法:为了避免确定“最终的、正确的”格表,改用一批依次考虑的级别条件来确定(无标异的)主语选择之类事情。

3.3.1 问题一:什么成分进入核心? F1977b(95 页)说,回答这个问题主要涉及直接宾语功能的语义内容。在英语中每一个句子都要有一个主语,所以只有从动词词义上看它所联系的场景确实要有两个实体时，跟这个问题才有关系。这时一个实体必须作主语，另一个实体可能作直接宾语，也可能不作直接宾语。直接宾语的语义内容确实很难找到普遍规律。然而稍许改变观察的方面，问题也许还不至于使人完全绝望。最好不去追究宾语跟动词之间有什么联系，而追究场景之中的什么性质能够决定某物是否要表现为直接宾语。

F1977a、b 两文都认为决定某物是否要进入透视域的性质是它的显要性，并且列举了下述一些能提高显要性的条件。

3.3.1.1 受影响的实体有无生命 F1977a(75 页)说，受影响的实体增加显要性的一个可能情况是，它不是物，而是人。以前面讲过的击打事件为例。在 I hit the stick against the fence(我击杖于栅栏)和 I hit the fence with the stick(我以杖击栅栏)两句中，stick(杖)和 fence(栅栏)二者都无生命，看不出哪一个更为显要。但 G 若是人，就提高了显要性，下面的两句，前句比后句更自然：I hit Harry with a stick(我以杖击哈里)，I hit the stick against Harry(我击杖于哈里)。

F1977b(98 页)说，看来利于进入核心的情况之一是，该成分是所描写的事件中的一个有知觉的生物，而且它受到影响，使得我们能够从它的角度去看事情。所以，如果涉及两个人，那么仅仅凭这一点就无法决定选择哪一个人进入核心。于是 I hit Harry against Bill(我击哈里于比尔)和 I hit Bill with Harry(我以哈里击比尔)两句就应该是，而且也的确是，同样地不正常。

3.3.1.2 受影响的实体有无变化 F1977b(98 页)说，如果一个情境有某个名词既可进入核心，又可处于外围，那么利于它进入核心的一种情况是受到影响的物体经受了某种变化。于是当我们对某物采取一个行动，结果该物发生了某种变化，它就获得了值得进入句子核心的显要性。

F1977b(98—100 页)的例证如下：

如果我拉某物，该物纹丝不动，可以说 Ipulled“at”it(我用力拉它)，或说 I“tried”to pull it(我曾试图拉它)，但是大概不能只说 I pulled it(我拉了它[过来])。如果我拉它，结果它朝我这里移动了，离我近一些了，就能够说 I pulled it。这里似乎有一种“标异”性(markedness quality)。如果我说 I pushed the table(我推[开]了桌子)，你就多少可以相信我已使桌子移动了。如果我说 I pushed against the table(我推过桌子)，那么可能除了在特殊谈话场合以外，我的话都不能表明桌子是否实际移动了。

设想我拿枪朝 Harry 射出一颗子弹。这时可以使 Agent 和 Source 进入透视域，说 I shot the gun(我放枪)；也可以使 Agent 和 Patient 进入透视域，说 I shot the bullet(我射出子弹)。但是，如果我只是朝 Harry 的方向射出一颗子弹，那么我就不能使 Harry 进入透视域，这时可以说 I shot at Harry(我射向哈里)，或说 I shot the gun at Harry(我朝哈里放枪)，或说 I shot the bullet at Harry(我朝哈里射出子弹)。但是，只有我的子弹打中 Harry，我才能说 I shot Harry(我击中哈里)，亦即场景中的射击行为有击中 Harry 的后果时，Harry 才具有可能进入句子核心的显要性。

有时 Source(或 Goal，或 Range)成为一个句子成分，使被描写的整个行动获得了某种特殊的显要性，从而使得与之关联的不作主语的名词短语成为直接宾语。如果只是平凡地游过英吉利海峡，我们就只能把这行为说成 swimming across the Channel（游过英吉利海峡），而不是 swimming the Channel。如果跳过某物不被认为是什么特殊业绩，就说 leaping across（跳过）该物，如果该行为获得了某种特殊的显要性，比如说所跳过之物是个障碍，那么我们就说 leaping（跳）该物。于是像 J. Gruber（1965）所指出的，既可说 leaping across the wall（跳过墙），又可说 leaping the wall（跳墙）；因为跳过一道墙可以被当作重大的成功。在人行道上画一条线（line），可以说 leaping across a line（跳过一条线）。然而却难以想象出一个适合说 He leaped the line 的场景。

动词 sign（签署）可以用指书写行为产物的名词作直接宾语：He signed his name on the contract（他签名于契约）；也可以用表示某物的名词作直接宾语，该物由于签署行为获得某种新的重要性：He signed the contract/He signed the check（他签署了契约/他签署了支票）。这里是该物所获得的合法性使它获得了必要的显要性。注意：虽然可以说 He signed his name on the men's room wall（他签名于男厕所墙上），而 He signed the men's room wall（他签署男厕所的墙）却不正常。

F1977a（76—78 页）的例证如下：

影响显要性的因素有状态变化或处所变化。例如，如果击打的结果是 G 移动或变化，那么它就突出了。比较下面两个句子，前一句 G 未进入透视域，后一句 G 进入透视域：He knocked on the door（他击于门），而 He knocked the door down（他击倒门）着重门倒了。

在G进入透视域以后，如果要说出未进入透视域的P，就要用介词with引入，成为句子的非核心成分。这样，以前的几篇文章中提到的工具角色就可以看成是衍生出来的概念，在由两个事件组成的一个场景中，它是表示第一个事件中的某个实体和被第一个事件引起的第二个事件之间的关系的。例如，用锤子击花瓶，如果花瓶碎了，则说I broke the vase with the hammer（我用锤子打碎花瓶），使用的工具在外围，带有介词标记with。如果锤子碎了，则要说I broke the hammer on the vase（我在花瓶上打碎了锤子）；这时Goal名词不在核心，标以介词on，表示方向信息。（本段据F1977b：98—99页略增数语）

在上面两句中发生状态变化的实体总是直接宾语，这就表明表示状态变化的动词和经历该变化的实体之间的关系反映在语法关系直接宾语之中，而没有反映在底层格结构之中。（至少在那个双事件构成的场景中，就第一个事件“我动锤”而言，没有反映。）再如动词cut（切）的例句，在I cut my foot on a rock（我在石头上划破了脚）和I cut my foot with a rock（我用石头划破了脚）两句中，后句用介词with，foot（脚）是G，rock（石头）则被看作对foot行动之物；前句用介词on，foot（脚）是P，rock（石头）则被看作foot对之运动之物。经受状态变化的foot（脚）不管其底层格角色是什么，总是句子中的直接宾语。这样，对于上述动词已不必再用工具格概念了，但需要说明因为另一个更显要的名词短语进入透视域而被甩在透视域之外的任何P都要加上介词with（有时是of）。

3.3.1.3 **有定性和整体性** F1977a（78—79页）说，影响显

要级别的因素还有有定性(definiteness)和总体性(totality)。这种因素可以解决一些老问题(按:参看 F1968:47—48 页,中译 55 页及注 45,这也是 Anderson 1971 用来支持乔姆斯基标准理论的深层结构平面的论证引例):I loaded the truck with hay(我用草装满了车),I smeared the wall with mud(我用泥抹遍了墙壁);I loaded hay onto the truck(我往车上装草),I smeared mud on the wall(我往墙上抹泥)。

F1977b(100—101 页)对此做了解释。只有在 Goal 没有值得陈述的特殊性时,用 Patient 名词作直接宾语才是自然的,才是无标异的句式。如果对 Goal 采取的行动具有一种“完全的”(complete)意义,因而使得 Goal 名词获得了显要性,那么 Goal 名词就进入核心。于是,对于 loading the truck with hay,最自然的理解是用草“装满”卡车;对于 spraying the wall with paint 最自然的理解是用油漆“覆盖”墙壁。这就是 Anderson 所说的“整体性”(holistic)意义。

一个动词有时能有一种以上的方式表现它的主宾结构。像总体性或整体性这种显要性质就使某些名词依靠它们的底层格的功能进入核心结构。于是有些动词,如 cover(遮盖)和 fill(填充),因为所对应的场景中自身就带着那种总体性或整体性的意思,所以可以说 He covered the alarm clock with the towel(他用毛巾盖住闹钟)和 He filled the jar with ink(他用墨水装满瓶子);却不能说 He covered the towel over the alarm clock 和 He filled the ink into the jar。(F1977a:79 页说 cover 要求 Goal 作直接宾语)

相反，动词 place（放）和 pour（倒）要求把焦点集中在场景的使用物体方面，不是集中在场景的结果状态方面，因此可以说 He placed the records on the shelf（他把那些唱片放到架子上）和 He poured ink into the jar（他把墨水倒到瓶子里），却不可说 He placed the shelf with records 和 He poured the jar with ink。（F1977a：79 页说 put 要求 Patient 作直接宾语）

3.3.1.4 词汇个性 F1977b（99 页和 101 页）提到词汇个性因素在起作用。例如动词 fire（放[枪]）十分近似 shoot（射击），但是 fire 就没有 shoot 那样一些对 Goal 名词短语的选择条件：可以说 I fired a gun（我放了枪），I fired a bullet（我射了一颗子弹），或 I fired at Harry（我对哈里开枪）；但对于同一场景却不可说 I fired Harry。从语义出发，人们也许以为动词 hang（挂）要把焦点集中于场景的 Agent 操纵 Patient 那一方面。然而却分明可以说 He hung the wall with drapes（他以帘挂壁）之类句子。（按：本句的 drapes 是 P）而匈牙利语中的动词 tölt 既可对译英语中用 Patient 作直接宾语的 pour（倒），又可对译英语中以 Goal 作直接宾语的 fill（填充）或 stuff（装满）。

3.3.2 问题二：核心成分的级别由什么决定？

3.3.2.1 问题的本质 F1977b（95—96 页）说，回答第二个问题应该考虑四种情况：

（1）有些动词可以随意把两个事物中的某一个表现为直接宾语，剩下的一个成分就成为外围成分，可以由一个介词短语来表达。blame（责备）就是一个例子：可以说 He blamed the accident on me（他把事故归咎于我），也可以说 He blamed me for the accident(他为这个事故责备我)。

(2)有些动词可以随意把两个事物中的某一个表现为直接宾语,但是剩下的一个成分是否能够表达出来却有限制。sign(签署)就是一个例子:可以说 He signed his name(他签了名)和 He signed the contract(他签署了契约);但是,虽然可以说 He signed his name on the contract(他在契约上签了名),却不能说 He signed the contract with his name。

(3)有些动词可以把一个不作主语的名词放在核心,也可以放在外围。shoot(射击)就是一个例子:可以说 She shot him(她射中他),也可以说 She shot at him(她射向他)。

(4)有些成对的动词意义相关,但是在选择什么成分进入核心、什么成分置于外围时,彼此不同。put(放)和 cover(覆盖)就是一个例子:可以说 He put a towel over the alarm clock(他放了一块毛巾盖在闹钟上),也可以说 He covered the alarm clock with a towel(他用一块毛巾盖住闹钟);表达的是同一个情境,然而前句中 towel 是直接宾语,后句中 alarm clock 是直接宾语。

这个问题不同于(但却可能关系到)表层主语和宾语的来由问题。表层主语的来源可以是被动化,上升到主语位,Tough 移位等句法变化;表层宾语的来源可以是与格移位,上升到宾语位,范围补语的缩约(reduction)等句法变化。(按:这些转换法则可参考他书,范围补语缩约可参看 3.2.3 中 cost 的例句和图示。)这个问题却是在问,对于实义动词(lexical verb),在那些重新组织句子的语法变化还未进行之前,核心项可以怎样安排。

F1977a、b 二文同时写成,然而对于这个问题的处理却不完全相同。F1977b(137 页注 15)说,F1977a 中采用的方法跟 F1968 提出的“格层级”说相仿。亦即名词短语的角色决定于它们在事先制定的角色类型层级表中占有的地位,决定于由那个层级所确定的相对级别。由于 F1977a 只说“由类似格层级的东西来决定对处于前景中的名词短语怎样安排语法功能”,没有再作解释,所以下面介绍 F1977b(101—102 页)对第二个问题的全部说明。

3.3.2.2 **显要性的等级** 把场景映现(mapping)到底层结构的第二个问题是决定核心内部各成分的级别。这里可能有一个显要性层级(saliency hierarchy),它在语法中有多种用途。首先,因为每一个句子都要有一个主语,所以场景中级别最高的实体要被表现为主语。其次,如果有两个实体在核心中,也就是说在透视域中,那就要按照它们在层级中的相对位置来分配第一项角色和第二项角色。第三,就同一个动词来说,什么成分可出现在核心中,什么成分可出现在外围中,那是受到层级的制约的。如果一个动词可以用两个事物中的任何一个作直接宾语,那么在显要性层级中级别较高的一个事物就占优先。

Fillmore 说:“在现阶段这一切纯属推测,并非定论。(所以在 F1977a 中我另有主张,两种讲法现尚难分高下。)我所设想的东西是要取代我在论述格语法的文章中提到的格层级。我现在的讲法是,我们有一个场景,它的某一部分被置于透视域。给这一透视域和句子的语法关系结构之间提供映现原则(mapping principle)的是显要性层级,它略如下述:

(1)主动(active)成分级别高于非主动成分;

(2)原因(causal)成分级别高于非原因成分;

(3)人类(或有生命的)感受者级别高于其他成分；

(4)被改变了的成分级别高于未被改变的成分；

(5)完全的(complete)或个体化的(individuated)成分级别高于一个成分的某一部分；

(6)‘图形’(figure)级别高于‘背景’(ground)；

(7)‘有定的’(definite)成分级别高于‘不定的’(indefinite)成分。

“这一层级应按照上面叙述的排列次序去考虑。所以主动成分级别高于其他任何成分,原因成分级别高于主动成分以外的任何一种成分。依此类推。

“如果一个场景中有两个成分在这一显要层级中同级,那么任何一个成分都可能进入透视域。所以在商务事件中,买卖双方都可以置于透视域,但是另外一方必须被看作 Source 或 Goal,而不能被看作 Agent。确定某个事物相对另一事物的位置时,有可能二者之中的任何一个都可作图形(Figure),另一个作背景(Ground)。所以我们可以说墙上的地图在图画下面,也可以说图画在地图上面。这一抉择并不取决于实际的物质场景,而是仅仅取决于讲话者想以哪一个物体作参照物而已。”

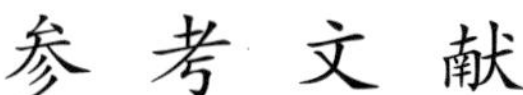

参 考 文 献

Anderson,J. M. (1977),*On Case Grammar*,Croom Helm Ltd.,London.

Anderson,S. R. (1971),On the Role of Deep Structure in Semantic Interpretation，载 *Foundations of Language* 6，197—219。此系 Fillmore 原引文献。

Bennett，D. C.（1970），Some Observations Concerning the Locative—directional Distinction，Fillmore 1971 引用此文未刊稿。此文后载于 *Semiotica* 5(1972)，58—88。

Fillmore，C. J.（1966），Toward a Modern Theory of Case，载 *Project on Linguistic Analysis Report* 13，1—24。又载 D. A. Reibel & S. A. Schane(eds.)(1969)，*Modern Studies in English*，361—375。

——（1968），The Case for Case，载 E. Bach & R. Harms(eds.)*Universals in Linguistic Theory*，1—88。中译文《"格"辨》，胡明扬译，见《语言学译丛》第二辑(1980)，1—117。

——（1970），The Grammar of Hitting and Breaking，载 R. A. Jacobs & P. S. Rosenbaum(eds.)，*Readings in English Transformational Grammar*，120—133。

——（1971a），Types of Lexical Information，载 R. D. Steinberg & L. A. Jakobovits(eds.)，*Semantics*，370—392。

——（1971b），Some Problems for Case Grammar，载 *Working Papers in Linguistics* 10，245—265。又载 R. J. O'Brien(ed.)，*Report of the 22nd Anual Round Table Meeting on Linguistics and Language Studies*，35—56。

——（1972），Subjects，Speakers，and Roles，载 D. Davidson & G. Harman(eds.)，*Semantics of Natural Language*，1—24。

Fillmore, C. J. (1977a), The Case for Case Reopened, 载 P. Cole & J. M. Sadock (eds.), *Syntax and Semantics*, Vol. 8, 59—81。

—— (1977b), Topics in Lexical Semantics, 载 R. W. Cole (ed.), *Current Issues in Linguistic Theory*, 76—138。

Gruber, J. S. (1965), *Studies in Lexical Relations*, Ph. D. diss., MIT. 此系 Fillmore 原引文献。按：Gruber 此文修改后收入他本人的 *Lexical Structures in Syntax and Semantics* (1976), Fillmore1977b 述及的段落见此书 26 页。

Huddleston, R. D. (1970), Some Remarks on Case Grammar, 载 *Linguistic Inquiry* 1, 501—511。此系 Fillmore 原引文献。

图书在版编目(CIP)数据

“格”辨 /（美）C. J. 菲尔墨著；胡明扬译．—北京：商务印书馆，2017
（汉译世界学术名著丛书：120 年纪念版：珍藏本）
ISBN 978－7－100－14830－6

Ⅰ.①格…　Ⅱ.①C…　②胡…　Ⅲ.①格（语法）—研究
Ⅳ.①H04

中国版本图书馆 CIP 数据核字（2017）第 158936 号

汉译世界学术名著丛书
（120 年纪念版・珍藏本）
“格”辨
〔美〕C. J. 菲尔墨　著
胡明扬　译

商务印书馆出版
（北京王府井大街 36 号　邮政编码 100710）
商务印书馆发行
北京冠中印刷厂印刷
ISBN 978－7－100－14830－6

2017 年 12 月第 1 版　　开本 710×1000　1/16
2017 年 12 月北京第 1 次印刷　　印张 13½
定价：65.00 元